INGA HAASE
KATHARINA GIFFEI

AF630090

DAS **JAGDBUCH** — FÜR KIDS

Spuren entdecken,
Wildtiere beobachten,
Jagen verstehen

KOSMOS

Inhalt

Liebes Jagdtagebuch,

vor zwei Wochen, an einem lauen Sonntagabend, waren mein Vater und ich, wie so oft an den Wochenenden, gemeinsam auf der Jagd. Wir wollten unseren ersten Mai-Bock in diesem Jahr erlegen.
Am Waldrand beobachtete mein Vater zwei Rehe mit dem Fernglas, einen circa 5-jährigen Bock und eine Ricke. Da ich hinter meinem Vater stand, konnte ich die Tiere nicht sehen und flüsterte: „Papa, ich kann sie nicht erkennen. Ich gehe schon einmal leise in Richtung Hochsitz.“ Damit war mein Vater einverstanden.
Doch es kam anders als geplant. Langsam schlich ich mich den Hügel hinauf in die Richtung, in der sich der Hochsitz befand. Wie angewachsen blieb ich plötzlich stehen. In circa 50 Meter Entfernung, in der Nähe vom Hochsitz, erblickte ich drei Rehe. Ich wagte es kaum zu atmen oder mich zu bewegen. Ich erkannte einen Bock und dachte:

▲ Rehwild im Revier

„Was soll ich nun tun?“. Denn ich wollte diese Beobachtung unbedingt meinem Vater mitteilen. Ich kehrte leise um.
Vorsichtig begab ich mich auf den Rückweg. Mir war es tatsächlich gelungen, die drei Rehe nicht zu verjagen. Ich sah meinen Vater in der Ferne, der den Hügel hinaufkam. Mir war jedoch nicht klar, ob er ebenfalls die drei Rehe gesichtet hatte …

Karlas Jagdtagebuch

Mit deiner Familie erlebst du spannende Tage im Revier.

Lausche der Natur

Ob Karla ihrem Vater die Rehe zeigen konnte und sie sogar ein gemeinsames Waidmannsheil erlebt haben, erfährst du am Ende dieses Buches. Es bleibt also spannend bis zur letzten Seite.

Als Jägerkind hat Karla schon sehr viel Zeit mit ihrem Vater und ihrer großen Schwester in der Natur verbracht. Inzwischen kennt sie die vielen unterschiedlichen Wildarten im Revier in- und auswendig und hat große Freude daran, sie zu bestimmen.

Ein Jägerkind zu sein ist ein großes Abenteuer. Du lernst mit jedem neuen Tag im Revier mehr darüber, wie die Natur funktioniert und wie man sie schützen und nutzen kann.

Möchtest du eines Tages auch eine Jägerin oder ein Jäger werden? Dann lausche der Natur und stelle viele Fragen. Apropos lauschen: Weißt du eigentlich, welche Tiere Lauscher haben? Nein? Die Antwort auf diese Frage findest du im Buch.

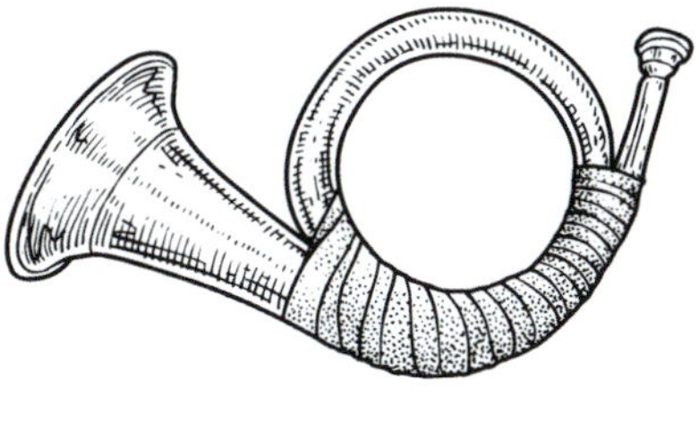

Revierzeit

Das grüne Klassenzimmer

Jäger zu sein bedeutet nicht nur zu jagen, sondern viel in der Natur unterwegs zu sein und sich um sie zu kümmern, auch wenn sie Hilfe braucht. Ein Jäger weiß genau, welche Tiere in seinem Revier leben, welche Bäume und Pflanzen dort wachsen und wie sich die Natur im Kreislauf der Jahreszeiten verändert.

Das weiß er deshalb, weil er eine schwierige Jägerprüfung bestanden hat, die auch das „Grüne Abitur" genannt wird. Als Jägerkind bewegst du dich gemeinsam mit einem Jäger durch das Wohnzimmer der Wildtiere und lernst mit jedem Ausflug ins Revier etwas Neues über die Natur kennen.

Sehr viele Menschen lieben die Natur, aber wissen nicht mehr viel über sie oder verwechseln Tiere und Pflanzen miteinander. So denken einige Menschen, dass die Ricke, in Süddeutschland wird sie auch Geiß genannt, vom Rehwild und der Hirsch vom Rotwild zusammengehören. Du, als Jägerkind, weißt es besser. Die Ricke ist die Frau des Rehbocks und den Hirsch gibt es nur beim Damwild und Rotwild.

▸ Ein Rehbock im Abendlicht

Die Natur erleben

Kennst du die Sinnesorgane? Jeder Mensch und jedes Tier besitzt sie. Du kannst mit ihnen ganz viele verschiedene Reize in der Natur wahrnehmen. Mit dem Sinnesorgan Nase riechst du die verschiedenen Gerüche der Natur. Mit den Augen kannst du alles um dich herum genau beobachten. Schauen wir uns einmal die fünf Sinne an, die du als Jägerkind benutzt.

Die Nase

Weißt du wie ein Wildschwein riecht? Bestimmt hast du schon einmal den typischen Maggi-Geruch im Wald bemerkt. Dieser Geruch gehört zum Wildschwein. Es gibt Menschen, die finden diesen Geruch toll, andere mögen ihn gar nicht. Der Geruch des Fuchses ist noch viel intensiver. Er stinkt regelrecht. Mit deiner Nase kannst du also auch Tiere bestimmen, ohne sie zu sehen.

Die Haut

Die Haut ist das größte Sinnesorgan des Menschens. Mit ihr fühlen wir, ob etwas kalt, warm, weich oder hart ist. Fasse einmal die Nadeln einer Fichte an. Sie fühlen sich hart an und piksen sehr. Fühlst du dagegen die Nadeln der Tanne, sind diese viel weicher und piksen kaum. Obwohl beide Nadelbäume ähnlich aussehen, fühlen sie sich unterschiedlich an. Probiere es einmal aus.

Das Auge

Dank deiner Augen kannst du Wildtiere beobachten. So lernst du etwas über ihre Verhaltensweisen. Ein Jäger muss sich sehr gut mit dem Verhalten von Wildtieren auskennen, damit er sie richtig ansprechen, also bestimmen, kann.

Immer der Nase nach. Deine Nase hilft dir, die verschiedenen Gerüche von Fuchs, Wildschwein und Co. zu unterscheiden.

Mit deinem Fernglas kannst du auch in größerer Entfernung Tiere beobachten.

Das Ohr

Oft kannst du Wild bereits hören, bevor du es überhaupt sehen kannst. Ein plötzliches Knacken von trockenen Ästen auf dem Waldboden verrät dir, dass vermutlich ein Tier in der Nähe ist. Während der Brunft kann man die Rufe der Hirsche viele hundert Meter weit hören. Sie wollen damit das Kahlwild (die weiblichen Tiere) auf sich aufmerksam machen und andere Hirsche beeindrucken. Rehwild bellt wie ein Hund, wenn es Gefahr wittert, und warnt damit seine Artgenossen. In der Jägersprache nennt man dieses Geräusch Schrecken.

Die Zunge

Als Jägerkind kennst du nicht nur den Geschmack von Wildfleisch, sondern auch noch viele andere Geschmäcker aus dem Wald. Im Sommer und Herbst probierst du, ob die wilden Brombeeren im Revier schon reif sind. Gemeinsam mit einem Erwachsenen sammelst du essbare Pilze und Wildkräuter für euer Abendessen.

Kleine Wildtierkunde

Im Revier leben viele große und kleine Wildtiere. Für einen Jäger ist es wichtig, dass er alle Tiere bestimmen und ihre Verhaltensweisen beurteilen kann. Einige sehr bekannte Wildarten stellen wir dir hier vor. Wusstest du, dass Rehe den Menschen manchmal nicht sehen können, obwohl er genau vor ihnen steht? Und dass der Dachs sogar eine eigene Burg besitzt?

Rehwild

Lebensraum: Fast überall in Deutschland. Rehwild mag eine abwechslungsreiche Umgebung im Feld und/oder Wald. Bei Gefahr müssen sie deshalb nur über kurze Strecken fliehen und können in nahegelegenen Hecken und kleinen Gehölzen Schutz suchen. Dort finden sie auch bei schlechtem Wetter einen Unterschlupf.

Rehwild kann sich sehr gut anpassen. Es kann sogar neben viel befahrenen Autobahnen leben, ohne sich daran zu stören. Manche Rehe leben allein, andere in kleinen Familiengruppen. Im Winter leben sie häufig in großen Gruppen zusammen, sogenannten Sprüngen.

Auf dem Speiseplan vom Rehwild stehen zarte Gräser und Kräuter.

Aussehen: Im Sommer rotbraun, im Winter meist graubraun

Nahrung: Rehe sind wählerisch und äsen am liebsten zarte Gräser, Kräuter und Knospen.

Besonderheiten: Ist die Ricke/Geiß ab etwa Juli/August tragend (schwanger), macht die Entwicklung von dem ungeborenen Kitz im Bauch eine Pause. Diese Pause nennt man „Keimruhe". Ab Dezember geht die Entwicklung des Babys weiter und die Kitze werden ungefähr im Mai geboren. Der Moment, in dem ein Kitz geboren wird, nennt der Jäger „setzen".

Paarungszeit: Blattzeit Ende Juli bis Mitte August

Wusstest du?

Rehwild kann sich bewegende Lebewesen besser eräugen (sehen) als stehende. Das ist ein wichtiger Vorteil für den Jäger, wenn er sich unbemerkt anpirschen möchte. Schaut das Reh während seiner Pirsch plötzlich zu ihm, muss er meist nur ganz still stehen bleiben, um unbemerkt zu sein. Rehe erkennen Menschen oft nicht, auch wenn sie ohne weitere Tarnung mitten auf einer Wiese oder einem Weg stehen.

Ein Damtier mit Kalb nimmt aufmerksam seine Umgebung wahr. Hat es den Fotografen entdeckt?

Damwild

Lebensraum: Mischwald und parkähnliche Landschaften. Damwild kann auch in einem Gatter oder Gehege gehalten werden.
Aussehen: Im Sommer hellbraun mit auffälligen, weißen Punkten. Die Körperunterseite ist weiß. Im Winter eher unauffällig graubraun bis grau. Es gibt auch schwarzes und weißes Damwild. Der schwarze Strich auf dem Rücken wird Aalstrich genannt. Damwild ist größer als Rehwild, aber kleiner als Rotwild.
Nahrung: Auf Nahrungssuche ist das Damwild nicht so wählerisch wie Rehwild. Lebt es hauptsächlich in bewaldeten Gebieten, frisst es gern Gräser und Kräuter,

▲ Damwild im Morgennebel

aber auch Blätter, Knospen und Triebe von Bäumen. Im Herbst finden sie zusätzlich leckere Baumfrüchte, wie Eicheln, Kastanien, Bucheckern oder Obst.
Hat Damwild nur wenig Wald als Einstand zur Verfügung, zieht es zum Äsen auf die Felder. Dort frisst es zum Beispiel Hafer, Weizen und Mais, aber auch Bohnen, Erbsen und Rüben schmecken ihm. Damwild kann, genau wie Rotwild, mit seinen Zähnen die Rinde von Bäumen abnagen oder abziehen, was der Jäger dann schälen nennt. Bäume nehmen davon großen Schaden und können absterben.

Besonderheiten: Damwild äugt, vernimmt und windet sehr gut, das heißt, sie können gut sehen, hören und riechen. Bei Gefahr flüchten sie mit sogenannten Prellsprüngen und hüpfen mit allen vier Beinen gleichzeitig in die Luft. Das große Geweih der Hirsche nennt man auch Schaufeln.
Paarungszeit: Brunft ab Mitte Oktober

Wusstest du?

Eine außergewöhnliche Geschichte: Ein einzelnes Damtier hat sich einer Gruppe Rinder angeschlossen und ist nun ein fester Bestandteil der Herde. Ob es aus einem Gatter ausgebrochen ist oder auf unbekannte Weise von seinem Rudel getrennt wurde, ist nicht bekannt.

Eine ungewöhnliche Gruppe. Dieses Damtier lebt in einer Rinderherde.

Rotwild

Lebensraum: Hauptsächlich große, weitläufige Waldgebiete, Mittelgebirgswälder, Bergwälder aber auch große Schilfvorkommen in Naturschutzgebieten. Wenn das Rotwild in seinem Revier nicht durch Menschen gestört wird, kann man es auch tagsüber beobachten.

Aussehen: Im Sommer rotbraun, im Winter dunkelbraun bis grau

Nahrung: Rotwild äst am liebsten Gräser und Kräuter, aber auch Knospen, Triebe junger Bäume, Blätter, Feld- und Baumfrüchte sowie Pilze schmecken ihm. Gibt es landwirtschaftliche Flächen in seinem Revier, steht es auch gern auf den Äckern und findet dort seine Nahrung. Rotwild kann, genau wie Damwild, mit seinen Zähnen die Rinde von Bäumen abnagen oder abziehen. Ist die Rinde erst einmal beschädigt, ist der Baum sehr anfällig für Krankheiten und kann absterben.

Besonderheiten: Größte deutsche Hirschart. Die Geweihe der Hirsche sind besonders imposant. In Gebieten, in denen es nicht gestört wird, ist es tagaktiv. Sonst ist es nachtaktiv. Rotwild lebt in Rudeln, die nach Geschlechtern getrennt sind. Das bedeutet, dass alle weiblichen Tiere (Kahlwild) zusammen mit den Kälbern in einem Rudel leben und alle männlichen Tiere (Hirsche) ein extra Rudel bilden. Zur Brunft kommen sie zusammen. Rotwild vernimmt (hört) und windet (riecht) sehr gut. Rothirsche werfen ihr verzweigtes Geweih im Zeitraum von Ende Februar bis in den April hinein ab.

Paarungszeit: Brunft Mitte September bis Mitte Oktober

Ein Rudel Rothirsche

Der Papa hat eine abgeworfene Geweihstange von einem Damhirsch gefunden und erklärt sie seinem Sohn.

Auf der Suche nach Geweihstangen

Die Gehörne und Geweihe von männlichem Reh-, Dam- und Rotwild werden jedes Jahr abgeworfen und wachsen neu nach. In den ersten Jahren werden die Gehörne immer größer und auffälliger. Später werden sie wieder kleiner. Das Kleinerwerden nennt der Jäger „zurücksetzen".

Wächst das Gehörn bzw. das Geweih neu, ist es zuerst von einer flauschigen Schutzhülle (Bast) bedeckt. Sind die Gehörn- und Geweihstangen vollständig entwickelt, fängt diese Basthaut an zu jucken und die Tiere schubbern und scheuern sie an jungen Bäumen und Sträuchern ab. Das Schubbern nennt der Jäger „fegen". Zum Vorschein kommt das fertige Geweih.

Wusstest du?

Achtung! Wenn du abgeworfene Geweihstangen findest, darfst du sie nicht einfach aufsammeln. Es muss immer der für das Revier zuständige Jäger um Erlaubnis gefragt werden. Dafür gibt es sogar ein extra Gesetz.

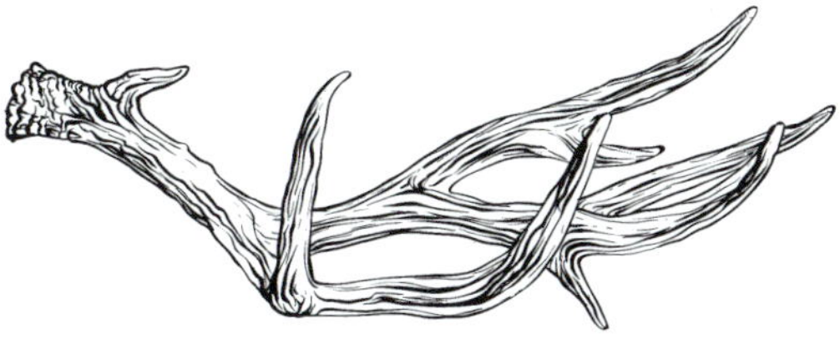

Schwarzwild

Lebensraum: Schwarzwild lebt besonders gern in großen Laub- und Mischwäldern. Es kann sich, ähnlich wie Rehwild, sehr gut anpassen und auf neue Situationen in seinem Lebensraum einstellen. Leben Sauen in der Nähe von Siedlungen, haben sie auf Nahrungssuche keine Scheu davor, in Gärten einzubrechen und diese umzugraben. Wildschweine leben in einer Rotte. Das ist eine Art Familienverband. Der Chef ist die Leitbache, ein älteres weibliches Schwein. Die ausgewachsenen Keiler (männliche ältere Schweine) leben meist allein. Schwarzwild suhlt sich gerne im Schlamm und schubbert sich an Bäumen.

Aussehen: Massiger Körper mit kurzen Beinen. Im Sommer haben Wildschweine silbrig graue, kurze Borsten, im Winter lange, dunkelgraue bis schwarze Borsten. Schwarzwild hat einen langen Schwanz (Pürzel).

Nahrung: Wildschweine sind Allesfresser und mögen Gräser, Baumfrüchte wie Eicheln, Bucheckern und Kastanien, Mais, Insekten, Mäuse, Jungtiere und auch Aas. Auf der Nahrungssuche kann eine Rotte Schwarzwild im Feld und auf Wiesenflächen große, landwirtschaftliche Schäden anrichten.

Besonderheiten: Wildschweine bekommen jedes Jahr viel Nachwuchs, weshalb sie in den meisten Revieren scharf bejagt werden. Dabei soll eine möglichst hohe Anzahl an

Tieren erlegt werden. Schwarzwild ist schlau und hat gelernt, dass Menschen in der Nacht sehr viel schlechter jagen und sehen können. Deshalb sind sie in der Nacht aktiver als am Tag. Wildschweine können sehr schlecht äugen (sehen), haben aber dafür einen ausgezeichneten Geruchssinn und vernehmen (hören) sehr gut.

Paarungszeit: Rausche November bis Februar

Wusstest du?

Keiler tragen Waffen. Gewaff nennt der Jäger die großen, seitlich herausstehenden Zähne von Wildschweinen. Sie sind messerscharf und bei Keilern sehr viel größer als bei Bachen.

Gut getarnt: Die Längsstreifen der kleinen Frischlinge sollen sie vor Fressfeinden schützen.

„Sei schlau wie ein Fuchs". Der Fuchs wird in vielen Märchen als intelligentes Tier beschrieben. Auch in der Realität lernt er schnell und kann sich rasch neuen Situationen anpassen.

Fuchs

Lebensraum: Füchse leben im Wald und Feld und sind sogenannte Kulturfolger. Sie verlegen ihren Lebensraum immer dorthin, wo sie am einfachsten Futter und Wasser finden. Das kann auch in einem Dorf oder sogar einer Stadt sein.

Aussehen: Rot bis rotbraun mit heller Körperunterseite. Es gibt auch fast schwarze Füchse. Sie haben eine buschige Lunte (Schwanz) und einen dichten Winterpelz.

Nahrung: Füchse haben einen sehr guten Geruchs- und Gehörsinn und sind Allesfresser. Die bevorzugte Nahrung besteht aus Kleinsäugern in der Größe von Maus bis Hasenjunges, Vögel, Eier, Aas, Früchte, aber auch Essensreste von Menschen.

Besonderheiten: Füchse sind gern ab der Abenddämmerung bis in den frühen Morgen unterwegs. Sie ziehen ihre Welpen in den ersten Wochen in einem unterirdischen Bau groß.

Paarungszeit: Ranz Dezember bis Februar

Wusstest du?

Füchse und Dachse können gemeinsam in einem Bau leben. Jeder bewohnt dann seinen eigenen Bereich. Dachse leben meist tiefer in der Erde als Füchse. Normalerweise meiden sich Fuchs und Dachs und gehen sich aus dem Weg. Wenn sie zusammen einen Bau bewohnen, nennt man das Burgfrieden.

Dachs

Lebensraum: Laub- und Mischwälder, Waldränder, Hecken und Gehölzflächen.

Aussehen: Silbergrauer Rücken, dunkle Bauchunterseite, schwarz-weiß gestreifter Kopf, kräftige, kurze Beine, lange Krallen.

Nahrung: Die Nahrung der Dachse besteht aus Regenwürmern, Käfern, Larven, Baum- und Feldfrüchten, Vögeln, Eiern und Kleinsäugern.

Besonderheiten: Dachse sind bevorzugt ab der Abenddämmerung bis in den frühen Morgen unterwegs. Sie haben einen gut ausgeprägten Geruchssinn. Dachse bauen verzweigte, unterirdische Baue und schlafen tagsüber die meiste Zeit darin. Sie leben im Familienverband (Clan) und halten Winterruhe. Der Dachs verlässt seinen Bau im Winter nur, um auf die Toilette zu gehen.

Paarungszeit: Ranz Februar bis Oktober, hauptsächlich Februar-März

Wusstest du?

Die Bauanlage von Dachsen wird auch Burg genannt. Dachse bauen sogenannte Blindgänge ein. Das sind Röhren, die in Sackgassen enden. Dachse locken ihre Feinde in solche Sackgassen und versperren ihnen dann den Ausgang. Diese Situationen sind für Jagdhunde während der Baujagd sehr gefährlich.

Waschbär

Lebensraum: Ursprünglich wohnen sie in Nord- und Mittelamerika, bevorzugt in Laub- und Mischwäldern in der Nähe zu einem Gewässer. Heute gibt es sie fast deutschlandweit.

Aussehen: Grau bis grau-schwarzer Rücken, hellgraue Körperunterseite, schwarz-weiße Gesichtsmaske, quergestreifter Schwanz.

Nahrung: Waschbären sind Allesfresser und fressen Regenwürmer, Schnecken, Insekten, Fische, kleine Vögel, Vogeleier, Frösche, Nüsse, Obst und Abfälle aus Siedlungen.

Besonderheiten: Waschbären sind keine heimische Wildart (Neozoen). Sie wurden in Deutschland früher auf sogenannten Pelzfarmen gehalten. Dort wurden sie gezüchtet und getötet, um ihren Pelz für Kleidung zu nutzen. Ob damals einige Waschbären ausgebüxt sind oder ob sie freigelassen wurden, weiß man nicht genau. Seitdem haben sie sich in freier Wildbahn stark vermehrt. Waschbären sind meist nachtaktiv. Auch sie sind, wie der Fuchs, sogenannte Kulturfolger und wohnen nicht nur im Wald, sondern nutzen auch menschliche Siedlungen, um an Nahrung und Wasser zu kommen. Waschbären schlafen gern in Bäumen.

Paarungszeit: Ranz Januar/Februar

Wusstest du?

Woher kommt der Name Waschbär? Waschbären bewegen ihre Nahrung gern im Wasser hin und her und prüfen sie von allen Seiten. Es sieht so aus, als würden sie ihre Nahrung waschen.

◂ Waschbären verschlafen den Tag gerne in Baumhöhlen oder auf Dachböden und gehen mit Einbruch der Dunkelheit auf Nahrungssuche.

Feldhase

Lebensraum: Ganz früher war er ein Steppenbewohner. Heute lebt er in offenen Landschaften wie Wiesen und Feldern.
Aussehen: Verschiedene Brauntöne, heller Bauch, schwarze Löffelspitzen, sehr lange Hinterbeine.
Nahrung: Der Feldhase begibt sich hauptsächlich in der Dämmerungs- und Nachtzeit auf Nahrungssuche. Dabei frisst er ausschließlich Pflanzen, wie Gräser und Kräuter, im Winter auch Rinde.
Besonderheiten: Der Feldhase lebt tagsüber in einer kleinen Erdmulde, die Sasse genannt wird. Sie wird an warmen und windstillen Orten angelegt. Bei Gefahr drückt er sich in seine Sasse, um sich zu tarnen. Erst im allerletzten Moment flüchtet er mit sehr hoher Geschwindigkeit. Dabei schlägt er blitzschnell Haken, um dem Angreifer zu entkommen. Feldhasen sind Einzelgänger und kommen nur in der Paarungszeit zusammen. Sie können Bewegungen sehr gut wahrnehmen und spüren selbst geringste Bodenerschütterungen.
Paarungszeit: Rammelzeit Dezember bis August, bis zu vier Würfe pro Jahr möglich

Fasan

Lebensraum: In Landschaften mit Hecken und Wäldern, Gewässern, Wiesenflächen und Feldern

Aussehen: Henne unauffällig braun, Hahn auffällig bunt, mit langem Stoß (Schwanzfeder) und rotbraunem Gefieder, blau-grüner Kopf, rote Rosen (Gesicht), weißer Halsring

Nahrung: Fasane fressen tierische und pflanzliche Nahrung wie Getreide, Mais, Beeren, Samen, Insekten und Raupen. Die Hähne kommen nur zur Paarung mit den Hennen zusammen. Sie sind Bodenbrüter. Die Henne zieht ihr Gesperre (Küken) allein auf.

Paarungszeit: Balz März bis Juni

Wusstest du?

Warum sind Hennen nicht bunt? Durch ihr unauffälliges Gefieder können Fressfeinde sie schlechter erkennen. Somit sind die Henne und ihr Gesperre besser geschützt.

Stockente

Lebensraum: Deutschlandweit, Gewässern, an denen sie viel Nahrung findet. Das kann auch an Seen, Bächen oder Flüssen sein, die sich in der Nähe von Menschen befinden.
Aussehen: Die weibliche Ente hat braunes Gefieder. Der Erpel hat im Prachtleid einen grünen Kopf, gelben Schnabel, einen weißen Ring um den Hals und eine braune Brust.
Nahrung: Stockenten gehören zu den Schwimm-Enten und finden ihre Nahrung direkt unter der Wasseroberfläche. Sie tauchen nicht ab, sie gründeln. Dabei durchsuchen sie das Wasser und den Gewässergrund nach pflanzlicher und tierischer Nahrung wie Schnecken und kleinen Krebsen.
Paarungszeit: Balz im Herbst, Paarung im Februar/März

Wusstest du?

Die Stockente mausert sich mehrmals im Jahr, das heißt, sie wechselt das Gefieder. Zwischen Juni und August ist sie flugunfähig und deshalb besonders gefährdet durch Raubwild. Darum ist das Gefieder des Erpels zu diesem Zeitpunkt auch so unauffällig braun und gut getarnt, wie das der weiblichen Enten.

Ihr unauffälliges Gefieder schützt die weibliche Stockente vor Fressfeinden

Spurensuche im Revier

Wer war hier?

Mit dem Spürsinn eines Detektivs bist du gemeinsam mit dem Jäger im Revier unterwegs und beobachtest ganz genau das Geschehen. Um zu wissen, welches Tier heute kurz vor euch da war, musst du es noch nicht einmal sehen. Viele kleine Hinweise helfen dir, die Tierart zu bestimmen.
Ein sehr deutlicher Hinweis ist das Trittsiegel. Es ist der einzelne Fußabdruck eines Wildtieres, den man besonders gut in weichen und schlammigen Böden und im Schnee sehen kann. Findest du mehr als einen Fußabdruck, sagt der Jäger nicht mehr Trittsiegel, sondern Fährte oder Spur dazu. Doch unsere Wildtiere hinterlassen noch viel mehr Hinweise zu ihrer Anwesenheit.

Auf Spurensuche

Fallen dir noch weitere ein? Die kleinen, braunen, runden Murmeln auf dem Feldweg sind die Hinterlassenschaften vom Reh, denn direkt daneben siehst du seine typische Fährte. Der Kot der Wildtiere heißt Losung und sieht bei fast jeder Tierart etwas anders aus.
Welches Tier war vor dir da, wenn eine Wiese großflächig umgewühlt wurde? Klar, die Wildschweine! Schwarzwild sucht dort mit seiner Nase nach Mäusen und Regenwürmern und durchwühlt dabei die Erde. In der Sprache der Jäger würdest du nun sagen: Das Schwarzwild hat auf der Wiese gebrochen (die Erde umgewühlt).
Im Frühjahr fällt dir ein junger Baum auf, dessen Rinde lose herunterhängt. Der Baum

ist an dieser Stelle nun nackt. Hier war ein Rehbock am Werk und hat sich seine flauschige, juckende Basthaut abgeschubbert, die im Wachstum sein Gehörn umgibt. Findest du eine größere Ansammlung von Vogelfedern auf der Wiese, deutet das auf einen Kampf hin, den der Vogel vermutlich verloren hat. Wirken die Federn abgerissen, war Raubwild am Werk. Sind die Federn hingegen noch ganz, ist der Vogel sehr wahrscheinlich einem Greifvogel zum Opfer gefallen, der ihm die Federn einzeln herausgezogen hat.

Welches Tier war hier?

Hinweise helfen dir zu bestimmen, welche Tiere im Revier leben:

- Sichtung
- Losung (der Kot)
- Trittsiegel, Fährten und Spuren
- Fraßspuren und Gewölle (die wurstförmigen, unverdauten Nahrungsreste der Greifvögel)
- Schäden an Bäumen und anderen Pflanzen
- Riss- und Rupfstellen, Beutereste
- Baue, Höhlen, Nester
- Liegeplätze

Die Rupfstelle zeigt die Überreste einer Amsel.

Hunde können mit ihrer Nase Gerüche über lange Strecken verfolgen.

Die Autobahn des Wildes

Frieda, der kleine Rauhaarteckel, ist bei jedem Ansitz ihres Hundeführers mit dabei. Auf dem sandigen Weg in Richtung Hochsitz bleibt sie abrupt stehen, senkt ihre Nase und zieht schnurstracks zu der mit hohen Gräsern bewachsenen Wiese hinüber. Aha! Deutlich erkennbar ist ein ausgetretener Pfad im Gras, der sich über die ganze Wiese zieht. Hier wechselt das Wild regelmäßig von einer Wiese zur nächsten.

Schaut man genau hin, sieht man immer wieder solche ausgetretenen Wege, die mal mehr und mal weniger deutlich erkennbar sind. Sie funktionieren für unsere Wildtiere wie ein eigenes Straßennetz. Manche Wechsel sind sogar richtige Autobahnen. Hier läuft jeden Tag so viel Wild entlang, dass das Gras es nicht mehr schafft, frisch hochzuwachsen und die blanke Erde sichtbar bleibt. Beson-

Spielidee: Wechselzähler

Bei eurem nächsten Reviergang zählt jeder von euch leise jeden Wechsel, den er sieht. Denke daran, dass sie nicht immer so stark ausgetreten sind, dass man sie auf den ersten Blick gut erkennt. Auf dem Nachhauseweg wertet ihr anschließend eure Zählung aus. Wer zählt mehr Wildwechsel? Wo war der am deutlichsten erkennbare Wechsel zu sehen?

ders lange und ausgetretene Wechsel nennt man auch Fernwechsel. Hier legt das Wild weite Strecken auf demselben Weg zurück. Wechsel sind oft uralt und werden von einer Generation zur nächsten, von Alt zu Jung, weitergegeben. Neue Wechsel legt das Wild meist nur an, wenn sich die Lebensumstände stark verändern. Dies kann beispielsweise durch Stürme und umstürzende Bäume oder ein Abholzen ihres Einstandes, sozusagen ihres Zuhauses, passieren.

▲ Die braune Erde auf dem Waldboden ist gut zu erkennen. Dieser Wechsel wird also häufig von Wildtieren genutzt.

Die Jägersprache verstehen

Wusstest du, dass man mit Tellern und Löffeln ganz wunderbar hören kann? Hase und Kaninchen eine Blume haben? Oder ein Rehbock fegen kann?

Die Jägersprache hat eine jahrhundertelange Tradition. Jäger nutzen im Gespräch viele Fachbegriffe, um sich untereinander zu verständigen. Als Nichtjäger ist es nicht immer einfach, diese Sprache zu verstehen. Einen Teil der Jägersprache kann man sich mit etwas Fantasie sehr gut merken. Den Rest muss man, wie bei jeder Fremdsprache, einfach auswendig lernen.

Wusstest du?

Einige unserer alltäglichen Redewendungen stammen aus dem jagdlichen Alltag.

Man höre und staune

Ein schönes Beispiel für die bildhafte Jägersprache sind die Ohren unseres Wildes. Sie haben verschiedene Fachbegriffe, die sich mit etwas Übung sehr gut merken lassen:

Lauscher: So werden die Ohren von Reh-, Dam- und Rotwild genannt. Man kann sich sehr gut vorstellen, dass diese Wildtiere mit ihren Ohren sehr gut den Geräuschen aus ihrer Umgebung „lauschen“ können.

Teller: In den großen, runden Ohren der Wildscheine (Schwarzwild) kann man mit etwas Fantasie eine Tellerform erkennen. Die Jäger bezeichnen diese Ohren als „Teller“.

Löffel: Hasen und Kaninchen haben „Löffel“. Da ihre Ohren so lang wie ein Suppenlöffel sind, können wir uns diesen Fachbegriff ebenfalls leicht merken.

Gehör: Raubwild hat ein „Gehör“. Mit ihren Ohren können Fuchs, Dachs und Co besonders gut das leiseste Mäusepiepen unter der Erde „hören“.

▲ Eichhörnchen haben sogenannte Pinselohren, das ist aber in diesem Fall kein Fachbegriff aus der Jägersprache.

Das Gehör vom Fuchs ▼

Die Löffel vom Feldhasen ▼

Die Teller vom Wildschwein ▶

◀ Die Lauscher vom Rehwild

A–Z der Jägersprache

Abschwarten: dem Schwarzwild oder Dachs die Schwarte abziehen
Abspringen: das Weglaufen des Wildes bei drohender Gefahr
Ansitz: die Stelle, an der sich ein Jäger auf beispielsweise eine Kanzel oder einen Hochsitz setzt
Ansprechen: das Beurteilen der Wildtiere, Jäger müssen genau wissen, welches Wild sie gerade beobachten, und schauen sich dafür zum Beispiel das Alter, Geschlecht oder den Gesundheitszustand des Tieres an.
Apportieren: Niederwild wird vom Hund zum Hundeführer gebracht
Äsen: pflanzliche Nahrungsaufnahme des Wildes, beim Schwarzwild heißt es fressen
Äser: Maul beim Schalenwild
Aufbrechen: einem Stück Schalenwild die Bauchhöhle öffnen, um alle inneren Organe fachgerecht zu entnehmen
Äugen: sehen
Bache: das weibliche Wildschwein
Blume: Schwanz von Hase und Kaninchen
Burgfrieden: Dachs und Fuchs leben in einem Bau zusammen
Brechen: Nahrungssuche des Schwarzwildes, wenn es dabei die Erde umwühlt
Bruchzeichen: abgebrochene, grüne Zweige, die als Zeichensprache der Jäger dienen
Erlegen: das waidgerechte Töten eines jagdbaren Wildtieres durch einen Jäger
Fährte: mehrere Abdrücke der Schalen vom Schalenwild hintereinander, findet man nur einzelne Abdrücke, nennt man sie Trittsiegel
Schwarte: die behaarte Haut des Schwarzwildes und Dachses
Federwild: auch Flugwild, so nennt der Jäger die jagbaren Vogelarten
Fegen: das Abschubbern der flauschigen Basthaut vom Gehörn oder Geweih
Frischling: Die Jungtiere der Wildschweine im ersten Lebensjahr
Gebräch: Schnauze des Schwarzwildes
Gehör: Ohren vom Raubwild
Gewölle: unverdaute Nahrungsreste der Greifvögel
Grimbart: Dachs
Haupt: Kopf vom Schalenwild
Hochsitz: Ein erhöhter Warteplatz für den Jäger, der zur Beobachtung oder Ansitzjagd dient.
Hochwild: Alle Schalenwildarten, außer Rehwild. Dazu gehören Rotwild, Damwild, Sikawild, Schwarzwild, Steinwild, Muffelwild, Elch, Auerwild, Steinadler, Seeadler
Isegrim: Wolf
Keiler: das männliche Wildschwein
Kirrung: Lockfütterung für Schwarzwild, Rehwild
Lauf: Bein vom Wild, Vorder- und Hinterläufe
Lauscher: Ohren des Schalenwilds, beim Schwarzwild heißen sie Teller
Lichter: Augen des Schalenwildes
Löffel: Ohren von Hase und Kaninchen
Losung: Kot des Wildes
Luderplatz: Lockfütterung für Raubwild
Malbaum: Baum, an dem sich Schwarz- oder Rotwild nach dem Suhlen schubbert
Niederwild: alle dem Jagdrecht unterliegenden Wildtiere, außer Hochwild
Reineke: Fuchs
Meister Lampe: Hase

Meister Petz: Bär
Rote Arbeit: Aufbrechen
Sasse: flache Mulde, in der sich Hasen ganz nah an den Boden drücken, um nicht gesehen zu werden
Schalenwild: Wild, dessen Füße mit Horn überzogen sind, welcheSchalen genannt werden
Schalen: Klauen aus Horn mit je zwei Zehen
Schwarzwild: Wildschweine
Schweiß: Blut, das das Wild nach dem Beschuss oder einem Unfall verliert
Strecke: Aufreihung der gesamten, auf der Jagd erlegten, Wildtiere
Teller: Ohren vom Wildschein
Trittsiegel: Fußspuren des Wildes
Trophäe: Erinnerungsstück vom erlegten Wild, zum Beispiel Gehörn vom Rehbock, Geweih vom Hirsch, Balg vom Fuchs, Schädelpräparat
Verenden: Sterben von Wildtieren
Wechsel: regelmäßig benutzter Weg des Tieres
Waidmann: Name für den Jäger
Waidmannsheil: Gruß und Glückwunsch unter Jägern
Waidmannsdank: Dankende Antwort unter Jägern auf den Glückwunsch Waidmannsheil, nachdem ein Stück Wild erlegt wurde.
Wildbret: Fleisch des erlegten Wildes
Wittern: das Bemerken von Gerüchen
Witterung: Geruch von Tieren oder Menschen, auch das Wetter wird so bezeichnet
Zerwirken: Zerlegen von Wild zu Wildbret

▲ An der Kirrung

▲ Anstecknadeln werden links am Hut getragen.

Wenn Rehe mit ihrer Nase etwas riechen, sagt der Jäger: Das Reh windet.

Die Löffel spitzen

Von etwas Wind bekommen

Wenn ein Mensch von etwas Wind bekommt, dann erfährt er ein Geheimnis, von dem er vorher noch nichts wusste: Vincent hat im Revier sein neues Fernglas verloren und erzählt es aus Scham nicht seiner Mutter, die es ihm geschenkt hat. Diese bemerkt bei den folgenden Ansitzen, dass es immer wieder fehlt und ahnt, dass er es verloren hat. Als sie ihn anspricht, bestätigt sich der Verdacht. Sie hat Wind von dem Verlust des Fernglases bekommen.

Unsere Wildtiere nutzen den Wind, um frühzeitig Fressfeinde oder Menschen zu wittern. Da viele von ihnen einen sehr guten Geruchssinn haben, können sie eine drohende Gefahr über eine große Distanz wahrnehmen. Allerdings klappt das nur, wenn der Wind aus der richtigen Richtung kommt. Pirscht ein Beutegreifer oder ein Jäger das Wild gegen den Wind an, dann hat er gute Chancen, dass das Wild ihn nicht wittern kann.

Die Löffel spitzen

Sollst du in der Schule die Löffel spitzen, dann möchte deine Lehrerin, dass du ihr jetzt ganz genau zuhörst, weil sie etwas sehr Wichtiges zu sagen hat.

Die Ohren vom Feldhasen heißen in der Jägersprache Löffel. Wenn der Feldhase seine Ohren aufstellt, um den Geräuschen in seiner Umgebung zu lauschen, dann spitzt er die Löffel. So kann er unter anderem Feinde rechtzeitig wahrnehmen und reagieren.

Brauchtum und stille Verständigung

Die Jägersprache hat eine jahrhundertelange Tradition. Im Alltag der Jäger werden jedoch nicht nur gesprochene Worte benutzt, sondern auch Zeichen. Sogenannte Brüche sind solche Zeichen.

Brüche sind abgebrochene Zweige von bestimmten Bäumen. Sie dienen als stumme Hinweise der Jäger untereinander. Ein Bruch ist also ein Zweig eines Laub- oder Nadelbaums. Die Bäume, von denen die Zweige abgebrochen werden sollen, nennt man „bruchgerechte Baumarten". Gibt es keine passende Baumart im Revier, können auch andere, heimische Bäume oder Sträucher für einen Bruch genutzt werden.

Wusstest du?

Die Jäger haben irgendwann einmal für sich bestimmt, dass es fünf bruchgerechte Baumarten gibt: Eiche, Fichte, Erle, Kiefer und Tanne. Damit man sich die fünf Baumarten gut merken kann, gibt es eine kleine Eselsbrücke. Das Wort „EFEKT" enthält die Anfangsbuchstaben dieser Bäume: **E**rle, **F**ichte, **E**iche, **K**iefer, **T**anne. So kann man sie sich mit etwas Übung leichter merken.

Fichte ▸

Erle ▾

Kiefer ▸

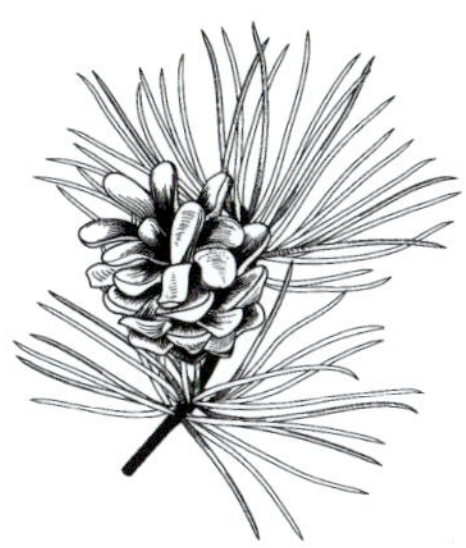

Eiche ▸

Tanne ▸

▲ Ein Eichenzweig wird für den letzten Bissen abgebrochen.

▲ Waidmannsheil. Ein Rehbock mit einem letzten Bissen und einem Erlegerbruch.

Der letzte Bissen

Das bekannteste Bruchzeichen ist der letzte Bissen. Er ist ein etwa handgroßer Zweig, der dem erlegten Tier in den Äser gesteckt wird. Diesen Bruch benutzt man jedoch nur bei Schalenwild. Zum letzten Bissen gehört auch, dass das tote Stück auf die rechte Körperseite gelegt wird.

Aber warum machen Jäger so etwas? Es ist eine lange Tradition, die große Dankbarkeit ausdrücken soll. Da es dem Jäger erlaubt und geglückt ist, dieses Stück Wild zu erlegen, möchte er ihm damit die letzte Ehre erweisen.

Spielidee: Bruchgerechte Bäume finden

Bei eurem nächsten Reviergang geht es um das Thema Brüche. Welche der fünf bruchgerechten Baumarten gibt es bei euch im Revier? Sammelt von jedem Baum ein Blatt oder einen Nadelzweig und macht ein Baumfoto mit dem Handy. Zu Hause setzt sich die ganze Familie zusammen und bestimmt anhand der Bilder, Blätter und Nadeln gemeinsam die richtige Baumart. Denn Übung macht den Baum-Meister.

Für die Baumbestimmung gibt es den Kindernaturführer „Welcher Baum ist das?". Mit dem Taschenbuch lernst du 85 heimische Bäume und Sträucher kennen und unterscheiden.

Ein Foto von Blatt und Baum hilft dir, zu Hause die Baumart zu bestimmen.

Das Jägerkind im Revier

Dass Jäger sein nicht nur jagen bedeutet, weiß jedes Jägerkind. Doch bei welchen Aufgaben können Jägerkinder im Revier und auf der Jagd helfen?

Aufgaben im Revier

Kirrung Gemeinsam die Kirrung bestücken.
Im Frühjahr beim Freischneiden der Hochsitze und Anlegen der Pirschwege helfen. Mit einer Gartenschere können kleinere Äste, die auf dem Weg zum Hochsitz stören, abgeschnitten werden. Mit einem Laubbesen können Pirschwege und der Weg zum Hochsitz freigeharkt werden, damit trockene Blätter und Äste den Jäger beim Heranpirschen nicht verraten. Gemeinsam die Salzlecken für das Wild bestücken.
Wildkamera gemeinsam auslesen.
Malbaum für Schwarz- und Rotwild mit Buchenholzteer bestreichen. Vorsicht, er stinkt und klebt an den Händen. Handschuhe schützen vor der klebrigen Masse.
Gehorsamkeitsübungen mit dem Jagdhund üben. Deine erste Schleppe ziehen.
Jagdhorn spielen lernen. Das wäre doch toll, wenn du auf dem Streckenplatz bei einer Gesellschaftsjagd gemeinsam mit den erwachsenen Jägern spielen könntest.
Bäume und Sträucher pflanzen.
Mit auf den Ansitz gehen und beim Bergen von erlegtem Wild helfen.
Beim Aufbrechen und Zerwirken zuschauen und beim Festhalten helfen.

Wie man sich kleidet

... so jagt man. Die richtige Bekleidung spielt für die Tarnung und den Jagderfolg eine wichtige Rolle. Als Jäger ist man bei fast jedem Wetter im Revier unterwegs, egal ob Wind oder Regen, brütender Hitze oder klirrender Kälte.

Als Jägerkind kannst du dich daran orientieren, was deine erwachsene Begleitung anzieht, wenn ihr zusammen rausfahren wollt. Alle sichtbaren Kleidungsstücke sollten die Farben Braun, Grün oder Beige haben, da diese Farben häufig in Wald und Feld vorkommen. Hosen und Jacken mit extra Mustern in Tarnfabe nennt man Camo.

Wusstest du, dass es sogar extra ein Muster für die Jagd in den Bergen gibt? So können Jäger in den verschiedenen Strukturen ihrer Reviere für das Wild unsichtbar werden.

Was gehört in den Kleiderschrank?

Achtung: Immer die richtige Farbe für euer Revier beachten!

- feste Schuhe, am besten wasserdicht
- Gummistiefel
- wasserabweisende Hosen und Jacken
- T-Shirts für den Sommer, mit langen und kurzen Ärmeln
- Cap oder Jagdhut: beides schützt vor Regen und Sonne und wirft einen Schatten auf dein helles Gesicht beim Ansitz
- warme Pullover, Socken, Unterwäsche, Hosen für den Winter und Handschuhe

Wusstest du?

Liegt Schnee, zieht der Jäger weiße Sachen an, um gut getarnt durch das Revier zu pirschen. Wenn du keine weiße Kleidung hast, kannst du auch einfach ein Bettlaken zuschneiden und überziehen.

Rehwild Pirsch im Hochsommer: Von der anderen Seite des Schilfes kann das Rehwild den Jungen und seine Mutter, mit ihren grünen T-Shirts und den langen, braunen Hosen, kaum erkennen. Die perfekte Tarnung!

Raus in die Natur

Draußen im Revier passiert eigentlich immer etwas. Auch wenn der gemeinsame, abendliche Ansitz ohne einen Jagderfolg zu Ende geht, kannst du oft jede Menge toller Momente mit nach Hause nehmen. Wo wir gerade beim Mitnehmen sind: Was nimmst du mit zu einem Ansitz? Einen Rucksack? Nur ein Fernglas? Oder gar nichts?

Viele Jäger nehmen einen Rucksack mit zur Jagd. Auch für dich ist er ein praktischer Begleiter. Lass uns gemeinsam überlegen, was du in deinen eigenen hineinpacken könntest.

Ganz wichtig ist das Material deines Rucksacks. Es darf nicht rascheln oder knistern. Auch die Reißverschlüsse dürfen nicht klimpern. Sehr gut sind Rucksäcke aus Stoff oder Loden, weil sie kaum Geräusche machen. Wenn ihr auf eine Kanzel steigt und bereits Wild in der Nähe ist, hört es euch nicht, wenn du deinen Rucksack leise auf dem Holzboden abstellst.

Bei der Farbe solltest du dich wieder an der Natur orientieren. Grün, braun oder ein Camo-Muster funktionieren gut.

Im Winter wird es früh dunkel, weshalb viele Jäger eine gute Taschen- oder Stirnlampe im Jagdrucksack haben.

Damit du als Jägerkind nicht im Dunkeln hinterherstolperst, gehört in deinen Rucksack natürlich auch eine Taschenlampe. Was noch?

Ich packe in meinen Jagdrucksack

- einen gut passenden Gehörschutz zum Schutz deiner empfindlichen Ohren
- ein Fernglas für die Wildbeobachtung
- Seifenblasen oder einen Windprüfer zum Bestimmen der Windrichtung
- eine Taschen- oder Stirnlampe für den Einsatz in der Dunkelheit, voll geladen, Ersatzbatterien
- ein kleines Sitzkissen für einen warmen und bequemen Ansitz
- ein Taschenmesser für kleine Schnitz- und Schneidearbeiten
- Taschentücher/Feuchttücher für die Nase und zum Hände saubermachen
- Getränk ohne Kohlensäure (Zisch-Geräusch!) und Lebensmittel ohne knisternde Plasteverpackung für die eigene Verpflegung
- ein Paar Einweghandschuhe für die Hilfestellung beim Aufbrechen, das Aufbrechen wird in der Jägersprache auch Rote Arbeit genannt
- einen Gefrierbeutel mit einem Klickverschluss für Leber, Herz und andere Organe, die nach der Roten Arbeit mitgenommen und zu Hause direkt zubereitet werden können
- im Winter: Taschenwärmer und eine wärmende Decke zum Einkuscheln

Je nach Region und Gepflogenheiten werden noch mehr oder auch weniger Utensilien mitgenommen. Überlege zu Hause gemeinsam mit deinen jagenden Familienmitgliedern, welche Ausrüstung für dich nützlich und wichtig ist und welche eventuell doch zu Hause bleiben kann.

Karla schaut sich mit ihrem Papa und ihrer Schwester die Fotos und Jagderlebnisse in ihrem Jagdtagebuch an.

Kreatividee: Dein erstes Jagdtagebuch

Hast du schon einmal ein Tagebuch geführt? In dieses kleine, meist geheime Büchlein schreiben Kinder und Erwachsene ihre täglichen Erlebnisse, Gefühle und Gedanken, um sich später noch einmal daran erinnern zu können und nachzulesen, was sie vor ein paar Jahren erlebt haben.

Das Tagebuch des Jägers nennt sich Jagdtagebuch oder Schussbuch. Dieses kleine, oft grüne oder braune Büchlein nutzt er, um seine aktuellen Jagderlebnisse und Erfahrungen aufzuschreiben. Wenn er fleißig Informationen einträgt, kann er später viele nützliche und interessante Dinge über vergangene Jagderlebnisse nachschlagen. Welche Informationen sind wichtig? Datum, Revier, Wildart und die Anzahl der erlegten Tiere, häufig werden auch der Treffersitz (wo der Schuss das Tier getroffen hat), Waffe und Kaliber, die Windrichtung, das Wetter oder andere interessante Informationen vermerkt.

Karlas Tagebuch

Jägerkind Karla besitzt auch ein Jagdtagebuch. Ihres unterscheidet sich jedoch von einem normalen Tagebuch für Jäger. Sie holt es immer dann aus dem Regal, wenn sie mit ihrem Papa gemeinsam auf der Jagd war. Dann druckt sie sich oft ein Bild von ihrem gemeinsamen Jagderlebnis aus, welches ihr Papa mit seinem Handy aufgenommen hat. Mal schreibt sie nur kurze Sätze dazu, mal ein kleines Gedicht und manchmal auch richtig lange und aufregende Geschichten. Das klingt nicht nur spannend, ihr Jagdtagebuch sieht auch noch richtig gut aus. Dabei ist es überhaupt nicht wichtig, ob es einen Jagderfolg gab. Denn bei fast jedem Ausflug ins Revier kann man tolle Momente mit Wildtieren in ihrer natürlichen Umgebung erleben, die man aufschreiben kann.

Bastelidee: Jagdtagebuch

Für dein erstes Jagdtagebuch braucht es nicht viel. Du kannst wie Karla ein leeres, großes Fotoalbum nehmen oder einfach ein kleines Buch oder stabiles Heft mit leeren Seiten dafür nutzen.
Der Vorteil bei einem kleineren Buch liegt darin, dass du einen Teil deiner Erlebnisse darin bereits auf dem Hochsitz notieren kannst, da es gut in den Jagdrucksack passt. Du darfst nur den Stift nicht vergessen. Den Umschlag des Jagdtagebuches kannst du beliebig mit Tiermotiven, Trittsiegeln, Fotos oder anderen tollen Ideen bemalen oder bekleben.

Du kannst in dein Jagdtagebuch auch Zeichnungen von Wildtieren einfügen. ▾

Auf der Jagd

Junge bläst Seifenblasen, um die Windrichtung zu prüfen.

Wenn der Wind jagt

Der Wind hat eine ganz besondere Bedeutung für Wald, Wild und Jagd. Vielleicht hast du schon einmal das Sprichwort gehört, bei dem jemand „Wind von etwas bekommen" hat?
Der Spruch „Von etwas Wind bekommen" stammt aus der Jägersprache.
Möchte sich der Jäger unbemerkt an ein Stück Wild heranpirschen oder zum Ansitz gehen, prüft er, vor jedem Reviergang mit einem geeigneten Hilfsmittel und den Daten des Wetterdienstes, aus welcher Richtung der Wind an diesem Tag kommt. Wenn er nicht aufpasst und sich nicht an der aktuellen Windrichtung orientiert, kann sein Menschengeruch an sehr windigen Tagen sogar über mehrere hundert Meter bis zum Wild hinausgetragen werden.
Ein Jäger wird aus diesem Grund immer gegen den Wind jagen – er hat den Wind im Gesicht. Hast du schon einmal Wild beobachtet, das die Nase in den Wind streckt und so versucht, die Gerüche, die vorbeigetragen werden, zuzuordnen? Dieses Schnuppern nennt der Jäger winden oder die Witterung aufnehmen.
Mit ihren feinen Nasen können Wildtiere den Geruch einer potenziellen Gefahr, wie Raubwild oder Menschen, frühzeitig erkennen und flüchten.

Windprüfer

Es ist nicht schwer, die aktuelle Windrichtung bei deinem nächsten Ausflug im Revier zu bestimmen. Eines der folgenden Hilfsmittel kann dir dabei helfen:

- Seifenblasen
- zwei bis drei leichte Gräser
- eine Hand voll kleiner, leichter und trockener Blätter
- ein Windprüfer mit Kreidestaub aus dem Handel

Stürmisches Wetter

Ein weiteres Sprichwort besagt: „Wenn der Wind jagt, jagt der Jäger nicht." Aber warum?

Ist es nicht gut, wenn es stürmisch ist? Dann rauscht der Wind so laut, dass das Wild den Jäger viel schlechter hören kann. Das stimmt. Doch wenn es stürmt, kann der Jäger keinen sicheren Schuss abgeben, da die Flugbahn des kleinen Geschosses durch den Wind sehr stark verändert werden kann. Bei stürmischem Wetter ist es viel zu riskant, auf ein Tier zu schießen. Der Jäger jagt an so einem Tag nicht.

Für den Wald ist der Wind das wichtigste Transportmittel für Pollen und Samen. Gemeinsam mit unseren Vögeln trägt er dazu bei, dass sich Pflanzen teils viele Kilometer über ihren Standort hinaus vermehren können. Nicht zuletzt bringt der Wind die oft lang ersehnte Abkühlung an heißen Sommertagen für alle Lebewesen.

▲ Windstille im Wald

▲ Die Natur liefert unsere wilde Dekoration.

Bastelidee: Wildes Windspiel

Ein Windspiel sieht nicht nur schön aus, sondern kann uns an windigen Tagen zu Hause anzeigen, aus welcher Richtung der Wind gerade kommt. Für unser wildes Windspiel nutzen wir Salzteig als Anhänger und dekorieren den Teig mit Dingen, die wir in der Natur finden und die uns gefallen.

Für den Salzteig

- eine große Schüssel
- eine Tasse Mehl
- eine halbe Tasse Salz
- eine halbe Tasse Wasser
- Naturmaterialien zum Dekorieren (Mais, Eicheln, Kastanien, Wildblumen, Kräuter etc.)

Für das Mobile

- ein Nudelholz
- eine abwischbare Arbeitsunterlage
- einen Strohhalm
- Band/ Schnur
- ein Glas zum Ausstechen oder eine Ausstechform
- eine mindestens 17 cm lange Abwurfstange vom Rehbock, alternativ: eine Abwurfstange vom Hirsch oder ein stabiler, mindestens 20 cm langer Ast

Bastel-Anleitung

① Für den Salzteig gibst du Mehl, Salz und Wasser in eine Schüssel und verknetest alles zu einem glatten Teig. Nun legst du den Teig auf deine Arbeitsunterlage und rollst ihn mit einem Nudelholz aus, bis er etwa 0,5 cm dick ist. **Vorsicht:** Der Teig sieht aus wie ein Kuchenteig, schmeckt aber überhaupt nicht. Salzschock!

② Anschließend stichst du ihn mit deinem Glas oder der Ausstechform wie ein Weihnachtsplätzchen aus. Deine fertigen Teiglinge legst du auf ein mit Backpapier belegtes Backblech. Mit einem Strohhalm stichst du in jede Form ein Loch, damit du die Anhänger später auffädeln kannst. Nun legst du verschiedene Naturmaterialien auf die Teiglinge und drückst sie etwas an, damit sie besser halten.

③ Anschließend lässt du deine dekorierten Salzteigfiguren entweder an der Luft oder im Backofen trocknen. An der Luft dauert das Trocknen mehrere Tage. Wenn sich die Teiglinge hart anfühlen, sind sie fertig. Wenn du sie noch am Basteltag aufhängen möchtest, musst du sie gemeinsam mit einem Erwachsenen im vorgeheizten Backofen bei 150 Grad für 40- 60 Minuten trocknen lassen. Schaut gemeinsam, wann sie schön hart geworden sind.

④ Wenn deine Anhänger anschließend gut abgekühlt und getrocknet sind, kannst du sie mit einer Schnur an dem Gehörn vom Rehbock anbringen und dein fertiges Windspiel an einem Ort aufhängen, an dem du es im Wind beobachten kannst.

Jagd in der Nacht

Sicher ist dir schon einmal aufgefallen, dass der Mond an manchen Nächten so hell leuchtet, dass du gar keine Taschenlampe brauchst, um draußen den Weg vor dir sehen zu können. Auch der Jäger macht sich die unterschiedlich hellen Mondphasen zunutze, um das scheue und schlaue, nachtaktive Schwarz- und Raubwild zu bejagen.

Der Mond ist aufgegangen …

Der Mond kann nicht von selbst leuchten, sondern wird von der Sonne angestrahlt. Seine Oberfläche reflektiert das Sonnenlicht, was wir auf der Erde als Mondschein wahrnehmen. Er ist immer in Bewegung und verändert täglich sein Aussehen. Auf seinem Weg um die Erde, reflektiert er immer unterschiedlich viel Sonnenlicht, weshalb es sogenannte Mondphasen gibt.
Bei Neumond steht die Sonne im Rücken des Mondes und wir können ihn gar nicht sehen. Zu diesem Zeitpunkt ist es nachts stockfinster und ohne Nachtsichttechnik kann nicht gejagt werden. In der zunehmenden Phase wird er erst zum Halbmond. Dann leuchtet er jede Nacht etwas heller. Schließlich wird er zum kugelrunden Vollmond. Auch in der abnehmenden Mondphase nach dem Vollmond ist der Nachthimmel noch ein paar Tage lang so hell, dass man die Umrisse von Wild auf offenen Flächen sehr gut erkennen kann.

Mondphasen

Jäger nutzen die unterschiedlich hellen Mondphasen, um beispielsweise Schwarzwild oder Raubwild zu bejagen. Beide Wildarten sind häufig nachts aktiv. Sobald der Jäger die Umrisse der Tiere mit Hilfe des Mondlichtes deutlich erkennen und somit gut ansprechen kann, darf er auch auf dieses jagen. Ist dies nicht der Fall und das Wild ist nur schemenhaft zu erkennen, darf nicht geschossen werden.
Welche Wildarten nachts bejagt werden dürfen, ist gesetzlich festgelegt. Besitzt der Jäger Nachtsichttechnik als Hilfsmittel, darf er damit auch in dunklen Nächten jagen.

Wusstest du?

Wildschweine sind sehr schlau und lernen schnell. Bei wolkenlosem Himmel und Vollmond, kann man zwar sehr gut jagen, aber auch die Sauen wissen um die Gefahr. Sie halten sich zu dieser Zeit kaum auf den voll beleuchteten Freiflächen, sondern meist im Schatten von Bäumen, beispielsweise an Waldrändern, auf.

▲ Diese Jägerin steigt von der Kanzel nach einem Abendansitz herunter: Sie baumt ab.

▲ Diese Jägerin blattet einen Rehbock heran. Das tut sie hier kurz nach Sonnenaufgang.

▲ Wildkamerabilder, die in der Nacht entstehen, werden grau abgebildet.

Tierisch spannende Bilder

Eine Wildkamera wird von einem Jäger an Orten aufgehängt, an denen sich das Wild gerne aufhält. Was meinst du, wo das sein könnte?

Solche Plätze sind Kirrungen, Salzlecken, Suhlen und Malbäume, aber auch Wildwechsel. Mit Hilfe einer Wildkamera kann der Jäger beobachten, welches Wildtier sich zu welcher Uhrzeit an dieser Stelle aufgehalten hat. Manchmal entdeckt man darauf sogar Bilder von Tieren, die man noch nie zuvor im Revier gesehen hat. Wie spannend! Habt ihr eine Wildkamera im Revier? Dann schaut euch beim nächsten Reviergang gemeinsam die Bilder an. Du wirst staunen, wie viele verschiedene Wildtiere am Tag und in der Nacht damit fotografiert werden.

Eine salzige Angelegenheit

Lecksteine im Revier helfen dem Wild, lebenswichtige Mineralien aufzunehmen, denn der Boden in ihrem Lebensraum gibt nicht genug davon her. Hier hilft der Jäger gern. Der Bedarf an Salz und Mineralien ist besonders hoch, wenn Wild sich sehr anstrengen muss. Das ist zum Beispiel im Fellwechsel, der Trächtigkeit oder der Aufzuchtzeit der Jungtiere der Fall.

Es gibt verschiedene Lecksteine. Manche sehen aus wie ein roter, weißer oder grüner Würfel. Richtige Salzsteine sind Brocken, die aus Natursalz bestehen. Wo liegen die Lecksteine bei euch im Revier?

Lecksteine legt man etwas erhöht auf einem glatten Holzpfahl oder Baumstamm ab. Wenn es regnet, laufen das Salz und die Mineralien am Holz entlang nach unten und das Wild kann es vom Holz ablecken. In der Erde rund um den Leckstein ist dadurch ebenfalls Salz. Diese salzige Erde wird gern von Schwarzwild gefressen. Auch andere Tiere freuen sich über eine gesunde Abwechslung auf ihrem Speiseplan.

▲ Ein neuer Salzleckstein wurde auf einem glatten Holzpfahl befestigt.

Suhlen: Wilde Wellnessoasen

Schwarz- und Rotwild suhlt sich gerne ausgiebig in großen, schlammigen Wasserstellen, die Suhle genannt werden. Dieses Schlammbad ist nicht nur Wellness für die Tiere, sondern soll lästige und juckende Parasiten im Fell abtöten. Nach der Suhle ziehen sie weiter zum nächstgelegenen Malbaum, um sich ausgiebig an ihm zu schubbern.

Malbaum: Wenn's juckt

Wildtiere sind sehr reinlich. Eine ausgiebige Körperpflege gehört zu ihrem Tagesritual, um Parasiten wie Zecken, Milben oder Hirschläuse loszuwerden.
Nach einem ausgiebigen Schlammbad in der Suhle suchen Schwarz- und Rotwild einen Malbaum auf. Der Malbaum ist ein einzelner Scheuerbaum, der wegen seines intensiven Geruches und der groben Borke

Jägerkinder helfen im Revier: Für das Auftragen von Buchenholzteer solltest du Handschuhe und alte Kleidung anziehen, da der Teer stark klebt und die Kleidung nach dem Auftragen intensiv riecht.

Wusstest du?

Das Fell vom Rotwild nennt man in der Jägersprache Decke. Beim Schwarzwild heißt es Schwarte.

nach dem Suhlen gern zum Schubbern genutzt wird. Er dient auch der Reviermarkierung.

Der Jäger kann einen Malbaum selbst anlegen. Dafür nutzt er klebrigen und stark riechenden Buchenholzteer, dessen Geruch Schwarz- und Rotwild mag und über große Entfernungen wahrnehmen kann.

Ein Jäger kennt sein Revier gut und weiß ganz genau, wo sich Suhlen und Malbäume befinden. An solchen Stellen hängt er eine Wildkamera auf, um das nachtaktive Schwarzwild zu beobachten. Solche Hilfsmittel können bei der Bejagung der scheuen Schwarzkittel helfen.

Eine Kirrung ist eine Lockstelle, die es dem Jäger leichter machen soll, die schlauen Sauen zu bejagen.

Die Schwarzwild-kirrung

Bis auf den sich wiederansiedelnden Wolf hat Schwarzwild keine natürlichen Fressfeinde.

Es gibt also kaum ein Tier, vor dem es sich fürchten und in Acht nehmen muss. Eine Bache hat meistens acht Zitzen aus denen Milch kommt, wenn sie kleine Frischlinge hat. Zu dieser Zeit nennt man sie auch führende Bache. Wenn eine Bache gesund ist und sie einen guten Einstand hat, kann sie ohne Probleme bis zu acht Frischlinge ernähren und großziehen.

Nun kannst du dir bestimmt gut vorstellen, warum es so viel Schwarzwild in Deutschland gibt. Rechne einmal aus, wie viele Frischlinge es bei euch im Revier gäbe, wenn in einer Schwarzwildfamilie eine Bache drei Frischlinge bekommt, eine Bache sechs Frischlinge und eine acht. Dann hat diese eine Rotte schon ziemlich viel Nachwuchs, oder?

Mit Futter locken

Schwarzwild ist eine schlaue Wildart, die zur Nahrungssuche vielerorts nur nachts aus ihren Einständen kommt und dadurch schwierig zu bejagen ist. Sauen können zwar schlecht äugen, dafür aber ausgezeichnet hören und mit dem Wurf, also ihrer Nase, riechen bzw. wittern. Ihre gute Nase macht sich der Jäger zu Nutze. Um das schlaue Schwarzwild vielleicht sogar tagsüber aus ihren Einständen an eine ganz bestimmte Stelle zu locken, legt er eine Kirrung als Lockfütterung an. Diese darf sich jedoch nur im Wald befinden.

Der Jäger darf an solche Plätze nicht haufenweise Mais, Äpfel, Kastanien oder Eicheln schmeißen und die Tiere damit füttern, sondern sie nur etwas anködern. Für eine Kirrung wird häufig Körnermais verwendet, da dieses Futter auch auf dem natürlichen Speiseplan vom Schwarzwild steht und es leicht zu dosieren ist.

Kirrungen helfen dem Jäger bei der Bejagung von Schwarzwild. In ihrer Nähe möchte er dieses gezielt bejagen. Wildkameras helfen ihm zu erkennen, wann die Sauen nachts an der Lockfütterung unterwegs sind.

▲ Papa und Tochter auf der Pirsch

Bei den Füchsen versorgen beide Elterntiere gemeinsam die Welpen, weshalb sie in der Aufzuchtzeit nicht bejagt werden dürfen.

Jagd- und Schonzeiten

Ab dem 1. Februar ist die Jagdzeit auf den Rehbock vorbei. Aber warum durfte der Jäger ihn am 31. Januar noch erlegen? Festgelegt wird das durch ein Gesetz. Das regelt nicht nur wann man Wild schießen darf, sondern auch, wann es nicht erlaubt ist. Es gibt einen festen Zeitraum, in dem Wild geschossen werden darf, der Jagdzeit heißt. Die Zeit, in der Wild nicht bejagt werden darf, nennt man Schonzeit. In Deutschland bestimmen die einzelnen Bundesländer selbst, wie sie die Zeiten festlegen.

Aufzucht der Jungen

Wonach richtet sich das Gesetz? Häufig fällt die Schonzeit mit der Aufzuchtzeit zusammen, in der sich die Elterntiere um ihre Jungen kümmern. Es gibt aber auch Wildarten, die gar keine Schonzeit haben. Füchse sind ein Beispiel. Sie sind durch eine besondere

Regelung geschützt, die es ab Anfang März verbietet, sie weiter zu bejagen.
Zu diesem Zeitpunkt kommen nämlich die Fuchswelpen im Bau zur Welt und beide Elterntiere versorgen den ganzen Sommer gemeinsam ihre Jungen. Sobald die Jungfüchse groß genug sind und selbstständig Beute machen können, hebt sich die Schonzeit für die Elterntiere wieder auf. Ab etwa Ende August/Anfang September darf die Jagd auf alle Füchse wieder beginnen.

Wusstest du?

Krankes Wild darf auch während der Schonzeit erlegt werden. Krank ist ein Tier, wenn es beispielsweise von einem Auto angefahren wurde oder eine sichtbar schwere Verletzung oder Krankheit hat. Das ist jedoch die einzige Ausnahme und soll unnötiges Tierleid verhindern.

Auf der Jagd

Bevor ein Jäger ein Wildtier erlegt, muss er einen wichtigen Merkzettel in seinem Kopf abarbeiten. Nicht jedes Wildtier, das ihm in seinem Revier begegnet, darf oder soll erlegt werden.

Checkliste für Jäger

- Hat das Wildtier gerade Jagdzeit? Ist es also vom Gesetz her erlaubt, das Tier jetzt zu bejagen oder nicht?
- Ist der Abschlussplan einer Wildart bereits erfüllt? Sind also bereits genug Tiere von dieser Wildart erlegt worden? Wenn ja, wird dieses Wildtier in diesem Jagdjahr nicht mehr bejagt.
- Welches Geschlecht (männlich oder weiblich) steht gerade vor ihm?
- Wie alt könnte es sein? Sieht es gesund oder krank aus?
- Benimmt sich das Tier irgendwie anders oder scheint alles normal?
- Steht das Tier so nah, dass er es sicher treffen kann? Oder ist es noch zu weit weg oder gar viel zu nah dran?
- Stehen Menschen, andere Tiere oder Gegenstände (Stromkästen, Häuser, Autos)

in der Nähe, die durch einen Schuss in die Richtung in Gefahr gebracht werden könnten?

- Ist hinter dem Tier ein Erdboden, in dem die Kugel aus der Waffe ungefährlich ausgebremst werden kann?
- Wie steht das Tier? Am besten ist es, wenn das Tier breit steht. Das bedeutet, dass man den ganzen Wildkörper komplett von der Seite sehen kann. In dieser Position kann der Jäger sicher auf Herz und Lunge zielen. Mit so einem Schuss stirbt das Tier sofort und leidet nicht.

Hat der Jäger all diese Fragen für sich beantwortet und ist das Tier immer noch da, darf er es erlegen. Ziemlich viele Fragen, oder? Ein Jäger muss gewissenhaft sein und viel Wissen besitzen, um ein Tier erlegen zu dürfen.

Wusstest du?

Wildtiere zu beobachten und zu bestimmen ist eine wirklich spannende Sache! Kannst du einen Rehbock bereits von einer Ricke unterscheiden? Nein? Dann frage doch mal bei deinem nächsten Ausflug ins Revier nach, woran man den Unterschied erkennt. Übung macht den Meister!

▲ Passt alles, dann darf der Jäger das Wildtier erlegen.

Nach dem Schuss

PENG! Ein lauter Knall! ... und plötzlich ist alles ruhig. Waidmannsheil! Der Jäger hat soeben ein Stück Wild erlegt. Nun heißt es, Ruhe bewahren. Auch wenn die Aufregung groß ist, bleibt ihr beide erst noch ein paar Minuten ruhig sitzen. Ihr habt Zeit, um durchzuatmen und leise zu erzählen.
Nachdem ihr von eurem Hochsitz heruntergeklettert seid, sucht der Jäger den Anschuss. Der Anschuss ist der Ort, an dem das Wild stand, als der Jäger es beschossen hat. Liegt das Tier dort oder im näheren Umkreis, nehmt euch Zeit, um ihm die letzte Ehre zu erweisen. Schaut gemeinsam, welche Äste ihr als Brüche benutzen könnt.
Liegt das Tier nicht am Anschuss und findet ihr es auch nach einer kurzen Suche nicht, muss der Jäger es mit einem Jagdhund nachsuchen. Hat sein eigener Hund keine Ausbildung für eine Nachsuche, ruft er einen anderen Jäger an, dessen Hund dafür ausbildet ist. Hat der Hund das Tier schließlich gefunden, ist die Jagd erfolgreich beendet. Nun beginnt für euch die „Rote Arbeit".

Wusstest du?

Das Heraufklettern auf den Hochsitz nennt man in der Jägersprache Aufbaumen. Das Herunterklettern heißt Abbaumen. Die meisten Hochsitze bestehen aus Holz von Bäumen. So kann man sich die beiden Worte gut merken: auf den Baum herauf – aufbaumen – und vom Baum herabklettern – abbaumen.

Die Rote Arbeit

Sobald der Jäger ein Stück Wild erlegt hat, wird aus dem Lebewesen ein Lebensmittel. Wildtiere haben sehr hochwertiges Fleisch, weil sie ihr Leben lang nur gefressen haben, was sie wollten und finden konnten. Das Fleisch vom Wild nennt der Jäger Wildbret. Nachdem der Jäger dem erlegten Tier die letzte Ehre erwiesen hat (erinnerst du dich an die Sache mit den Brüchen auf Seite 34), beginnt für ihn die sogenannte Rote Arbeit. Man nennt sie in der Jägersprache so, weil das Fleisch und auch das Blut (Schweiß) vom Tier rot sind. Er muss nun den Wildkörper aufschneiden, was in der Jägersprache aufbrechen genannt wird, und die inneren Organe entfernen. Das ist notwendig, damit das Wildfleisch nicht schlecht wird. Der Jäger muss sich alle Organe anschauen und kann erkennen, ob das Wildtier krank war und man das Fleisch nicht essen darf. War es gesund, bringt der Jäger das Wild in die Kühlung.

Deine Hilfe ist gefragt

Als Jägerkind kannst du beim Aufbrechen mithelfen. Frage einfach immer nach, was du tun kannst. Manchmal kannst du die Läufe festhalten, damit der Jäger es einfacher beim Aufbrechen hat. Du kannst ihm auch die Organe abnehmen und packst sie in eine saubere Tüte, damit ihr Herz, Leber oder Nieren später zubereiten könnt. Vergiss dabei nie, Handschuhe zu tragen. Hygiene ist bei der Verarbeitung von Lebensmitteln sehr wichtig. Mit Handschuhen schützt du dich und das Fleisch beispielsweise vor Keimen und Bakterien.

▲ Ein Jägerkind hilft bei der Roten Arbeit.

▲ Die Leber wird jetzt noch sauber verpackt, damit ihr sie später zubereiten könnt.

Vom Lebewesen zum Lebensmittel

Nach dem Schuss muss es schnell gehen. Wird ein Wildtier erlegt, weil man später sein Fleisch essen möchte, muss es so schnell wie möglich versorgt werden. Das bedeutet, dass der Jäger sich um das zügige Aufbrechen kümmert und den Wildkörper danach direkt in die Kühlung bringt. Durch das Abhängen in der Kühlkammer bekommt das Fleisch einen noch besseren Geschmack und kann nach ein paar Tagen für die Küche fertiggemacht werden.
Beim Zerwirken werden die Läufe, das Haupt (der Kopf) und die Decke (das Fell) mit einem scharfen Messer entfernt. Diesen Vorgang nennt der Jäger: aus der Decke schlagen. Übrig bleibt das reine Wildbret, das in kleinere Teile geschnitten wird.
Ob das Fleisch dann direkt eingefroren oder weiterverarbeitet wird, entscheidet jeder Jäger selbst. Neben Hackfleisch für Bolognese und Burger, kann er auch Schinken und verschiedene Wurstsorten aus Wildfleisch machen. Kennst du eine leckere Wurstsorte? Leberwurst ist sehr bekannt. Aber auch Mettwurst und Salami vom Wild sind sehr lecker.

Kleineres Wild

Bei Federwild und kleinen Wildtieren, wie Hase und Kaninchen, die mit Schrot geschossen werden, wird der Wildkörper direkt nach der Jagd ausgenommen und abgebalgt oder gerupft. Das Fleisch wird ebenfalls ein paar Tage gekühlt, bevor es weiterverarbeitet oder eingefroren wird. Wann du bei der Roten Arbeit helfen kannst, haben wir schon besprochen. Federwild, wie die Ente, wird nach dem Erlegen entweder gerupft oder gehäutet. Wenn der Jäger die Ente rupft, kannst du ihm bestimmt dabei helfen. Wie man die Federn am leichtesten vom Entenkörper entfernen kann, wird er dir gern zeigen.

Nach dem Abhängen in der Kühlkammer wird das Wildschwein weiterverarbeitet.

Das Wildbret wird in kleine Teile geschnitten

Mithilfe von Schädelpräparaten kann man viel über die Anatomie der Wildtiere lernen.

Trophäen als Erinnerung

Sicher hast du schon einmal das Gehörn eines Rehbockes auf einem Holzbrett an der Wand eines Jägers hängen sehen. Damit erinnert sich der Jäger gern an sein Jagderlebnis mit dem Rehbock zurück. Eine Trophäe ist also ein Erinnerungsstück. Doch nicht nur Gehörne oder Geweihstangen sind Trophäen, sondern auch Felle, Zähne und Federn.
Will man von seinem erlegten Tier so viel wie möglich verarbeiten, dann werden Trophäen auch dafür benutzt um Kleidung, Schmuck oder Dekoration herzustellen.
Felle vom Winterfuchs sind sehr warm und können zum Beispiel zu Kissen, Decken oder Schals verarbeitet werden. Aus Geweihen werden sogar Ringe, Anstecker und Tischdekorationen hergestellt.

Bastelst du gerne? Dann schau doch mal auf unsere Kreativseite 46. Dort zeigen wir dir, wie du ein Windspiel aus einem Rehgehörn basteln kannst. Sicher haben du und deine Eltern noch mehr Ideen, was man aus einem Rehgehörn oder einer Geweihstange machen kann.

Waidgerechtigkeit – verantwortungsvolle Jagd

Den Begriff Waidgerechtigkeit gibt es nur in der Jägersprache. Jäger müssen sich an sehr viele Gesetze halten, aber darüber hinaus gibt es moralische Regeln, die in der Entscheidung des Jägers liegen. Als Moral werden Werte und Regeln bezeichnet, die von Menschen für richtig und gut befunden werden. Oft wird der Begriff Moral auch benutzt, um eine gute Einstellung zu einer Sache zu beschreiben. Ethik ist eine Wissenschaft und befasst sich damit, wie Menschen handeln.

Jäger wollen mit ihrem Verhalten Wildtiere und deren Lebensräume bestmöglich schützen. Sie klären Naturfreunde gern über das richtige Verhalten im Wald, im Feld und über die Natur selbst auf. Für Jäger ist es wichtig, so zu jagen, dass auch Nichtjäger finden, dass sie richtig handeln.

Beispiele für waidgerechtes Verhalten

① Eine Jägerin beobachtet schon lange einen alten Rehbock, den sie in ihrem Revier erlegen möchte. Sie saß bereits viele Male auf ihn an und hatte bisher keine Möglichkeit, ihm einen sauberen Schuss anzutragen. Als sich endlich die Gelegenheit bietet und die Waffe bereits im Anschlag ist, wechselt plötzlich ein schwer laufkranker Fuchs auf drei Beinen hinter dem alten Rehbock über die Wiese. Das vierte Bein schlackerte unkontrolliert

Eine laufkranke, junge Fähe (weiblicher Fuchs), deren rechter Vorderlauf einen offenen Bruch hatte, wurde von ihrem Leid erlöst. Der Rehbock floh, als der Schuss brach.

hin und her. Die Jägerin entschließt sich, den Bock ziehen zu lassen und erlöst den leidenden Fuchs von seinen Qualen.

② Eine Pächtergemeinschaft legt einen Wildacker an, damit das Wild im Revier mehr abwechslungsreiche Äsung findet und eine zusätzliche Deckung vor natürlichen Fressfeinden hat.

③ Eine Jägerin stellt auf eigene Kosten Hinweisschilder für Verhaltensregeln im Wald auf, befestigt Infotafeln über die Waldbewohner und Pflanzen an einem Waldparkplatz und sucht regelmäßig das persönliche Gespräch mit Waldbesuchern, die sich sehr laut oder abseits der Wege aufhalten, um sie auf ihr Fehlverhalten freundlich aufmerksam zu machen. Somit wird das Wild abseits der Wege sehr viel weniger gestört.

Müllsammeltag im Revier

Gemeinsam mit anderen Jägern und Naturmenschen plant ihr einen freiwilligen Aktionstag, bei dem der herumliegende Müll in der Natur eingesammelt und ordnungsgemäß entsorgt wird. Ein anschließender Zeitungsartikel weist alle Leser darauf hin, wie wichtig es ist, die Natur sauber zu hinterlassen, um Wildtiere vor Verletzungen und die Natur vor Verunreinigungen zu schützen. Was ihr dafür benötigt: ausreichend Müllsäcke, festes Schuhwerk und feste Handschuhe, einen Anruf bei der örtlichen Zeitung. Tipp: Ladet euch Familie und Freunde ein. Gemeinsam machen solche Aktionen mehr Spaß.

▲ Müll gehört nicht in den Wald!

Wusstest du?

Brandheißer Müll! An den Scherben von Glasflaschen oder den scharfen Rändern von Blechdosen können sich unsere Wildtiere schnell verletzen. Weggeworfene Reste von Zigaretten können von Tieren gefressen werden und bis sie verrotten, braucht es viele Jahre Zeit. Zigaretten sind außerdem brandgefährlich! Oft glimmen sie noch, wenn sie weggeworfen werden und können dann einen Waldbrand entfachen. Im Wald gelten besondere Brandschutzregeln. Es gibt Waldbrandgefahrenstufen mit fünf Phasen von „1 = sehr geringe Gefahr“ bis „5 = sehr hohe Gefahr“. Jedes Bundesland hat seine eigenen Regeln.

Der Schreck ist groß! Nach einem Zusammenstoß mit einem Wildtier muss die Unfallstelle gesichert werden.

Wildunfall – was nun?

Plötzlich ist es passiert. In der Abenddämmerung steht ein blaues Auto mit eingeschaltetem Warnblinker am Straßenrand. Das aufgestellte Warndreieck können heranfahrende Autos bereits von Weitem erkennen. Der Fahrer des blauen Unfallautos steht mit übergezogener Warnweste und Telefon am Straßenrand und telefoniert mit aufgeregter Stimme mit der Polizei.
Von dem angefahrenen Reh fehlt jede Spur. Einzig die Scherben der kaputten Autoscheinwerfer, die nun in vielen kleinen Teilen auf der Straße liegen, und ein paar Haare lassen erahnen, wo genau vor wenigen Minuten der Wildunfall passiert sein muss. Viele Wildtiere sind in der ruhigen Morgen- und Abenddämmerung unterwegs, um ihre Futter- und Schlafplätze aufzusuchen. Für einen Autofahrer kann das schnell gefährlich werden, denn unsere Augen sehen in der Dämmerung, trotz Scheinwerferlicht, nicht so gut wie am Tage. Deshalb kommt es vor allem zu diesen Uhrzeiten, aber auch nachts und bei Nebel vermehrt zu Wildunfällen auf den Straßen.
Wie sollte sich ein Autofahrer nach einem Zusammenstoß mit Wildtieren verhalten? Nachdem er angehalten hat, sollte er tief durchatmen und schauen, ob ihm selbst etwas weh tut. Anschließend meldet er den Unfall der Polizei.

Jäger helfen suchen

Bevor die Polizei entscheidet, ob sie zu der Unfallstelle fährt, ruft sie den Jagdpächter an und gibt ihm über den Unfall Bescheid. Der Jäger fährt so schnell wie möglich hin. Idealerweise hat der Autofahrer die Unfallstelle mit etwas gut Sichtbarem, wie ein weißes Taschentuch, für den Jäger markiert. Wenn an der Unfallstelle kein totes Wildtier liegt, wird sich der Jäger überlegen, wie er

die Nachsuche auf das verletzte Tier durchführen soll. Ist das Wildtier im naheliegenden Wald oder Feld bereits nach kurzer Zeit verendet, ist die Nachsuche zum Glück schnell vorbei. Ist das angefahrene Wild jedoch nur verletzt, kann es noch weiter flüchten. Dann kann eine Nachsuche auch einmal mehrere Stunden oder sogar Tage andauern.
Wildtiere unterdrücken vor lauter Angst ihre Schmerzen und legen weite Strecken zurück, bis sie keine Kraft mehr zum Laufen haben. Hat der Jagdhund das verletzte Wildtier mit seiner feinen Nase ausgemacht, wird er vom Hundeführer geschnallt, also von der Leine los gemacht. Der Hund stellt jetzt das verletzte Tier. Er bellt ganz laut und versperrt dem Tier den Fluchtweg. Nun hat der Jäger die Chance, das Stück Wild nach langer Qual schnell zu erlösen.

Nichts für Kinder

Wildunfälle sind nicht schön und können in vielen Fällen durch eine angepasste, langsamere Fahrweise bei schlechteren Sichtverhältnissen vermieden werden.
Darfst du eigentlich einen Jäger bei der Nachsuche nach einem Verkehrsunfall begleiten? Leider nein. Denn Kinder und Jugendliche dürfen nach dem Bundesjagdgesetz nicht an einer Nachsuche teilnehmen. Zwar ist das eine spannende Angelegenheit, doch Nachsuchen sind häufig sehr anstrengend und immer gefährlich, weil ein verletztes Wildtier nicht berechenbar ist. Es ist jedoch genauso spannend, wenn man hinterher der Geschichte des Jägers lauschen kann.

Der Rehbock ist im Straßengraben verendet. Eine Nachsuche war nicht notwendig.

▲ Die Kitzsuche beginnt meist früh am Morgen.

▲ Mit Funkgeräten haben die Kitzretter Kontakt.

▲ Durch das Tragen von Handschuhen vermeidet man, dass die Kitze den Geruch des Menschen annehmen.

▲ Das Kitz ist unter einer schweren Holzbox gesichert.

Kitzretter werden

Die Nahrungsgrundlage vieler Nutztiere ist Gras. Um es lange haltbar zu machen, mähen Landwirte ab Mai ihre ersten Wiesen und pressen es zu Heu- und Silageballen. Da die erste Wiesenmahd mit den Setzzeiten, also Geburtsterminen, vieler Wildtiere zusammenfällt, sind diese in höchster Gefahr. Denn Wildtiere wie Rehkitze und Feldhasen fliehen nicht vor drohender Gefahr, sondern ducken sich im Gras weg, um gut getarnt, unsichtbar für ihre Feinde zu werden.
Auf den großen Mähmaschinen können Landwirte die Tiere im hohen Gras jedoch nicht rechtzeitig erkennen, weshalb Landwirte, Jäger und Naturfreunde gemeinsam zu sogenannten Kitzrettern werden. Dabei retten sie nicht nur Rehkitze, sondern auch Gelege von Bodenbrütern und andere Wildtiere, die den Schutz im hohen Gras suchen und nicht vor drohender Gefahr fliehen.

Auf der Suche

Wer als Jägerkind bei der Kitzrettung mithelfen möchte, bei dem klingelt schon vor Sonnenaufgang der Wecker. Alle Helfer treffen sich gemeinsam an den Wiesen, die noch am selben Tag gemäht werden sollen. Je nach Ausrüstung, werden die Wiesen nun gewissenhaft abgesucht.
Eine Möglichkeit ist das Absuchen mit Menschenketten. Dabei durchstreifen alle Helfer nebeneinander gewissenhaft die Wiese, um nach abgelegten Kitzen auf dem Boden Ausschau zu halten. Das ist gar nicht so einfach, denn Kitze und andere Jungtiere sind als Neugeborene extrem klein und im hohen Gras sehr schlecht zu sehen. Auch Jagdhunde

werden bei dieser Suche häufig eingesetzt. Sie sollen das Wild aufspüren und vorstehen, dürfen es jedoch nicht berühren.
Eine andere Möglichkeit ist die Kitzsuche mit einer Wärmebilddrohne. Sie ist ein kleines Fluggerät mit einer Wärmebildkamera. Ihr Pilot lässt sie mit einer Fernsteuerung über die Wiesenfläche fliegen. Da jedes Lebewesen Körperwärme abgibt, kann die Drohne auch kleinste Wildtiere im hohen Gras mit ihrer Wärmebildkamera entdecken. Ist ein Wärmepunkt gefunden, schickt der Pilot einen Helfer zur Kontrolle an die Stelle.

Kitz gerettet

Liegt dort wirklich ein Rehkitz, wird es direkt vor Ort mit einer Kiste und auffälligen Fahne gesichert. Der Landwirt mäht dann um die Kiste herum. Oder der Helfer trägt das Kitz mit Handschuhen und einem großen Büschel Gras in der Hand heraus und sichert es in einer Kiste außerhalb der Wiese.
Nach der Mahd werden die Kisten wieder geöffnet. Die Kitze und Ricken finden sich über hohe Fieptöne wieder zusammen. Als Kitzretter Handschuhe zu tragen, ist für die Kitze überlebenswichtig. Denn es besteht die Gefahr, dass die Ricken ihre Jungtiere nicht mehr annehmen, wenn menschlicher Geruch an ihnen haftet.

Kitze sind klein und gut getarnt. Um sie zu finden, muss man sehr genau hinschauen.

Die Jagdarten

Zum Ansitz oder zur Pirsch geht der Jäger meist allein. Kommt ein Freund zu Besuch oder interessiert sich jemand für die Jagd, nimmt er diese Personen gern mit ins Revier. Auch für dich sind diese beiden Jagdarten sehr gut geeignet, um all die spannenden Momente rund um die Jagd hautnah mit einem Jäger zusammen zu erleben.

Ansitzjagd

Bei einer Ansitzjagd, auch Ansitz genannt, kann sich der Jäger schon am Vortag zu Hause grob informieren, aus welcher Richtung der Wind am kommenden Tag kommen soll. Er überlegt sich, auf welcher Kanzel oder Leiter er morgens oder abends ansitzen möchte. Die genaue Überprüfung des Windes findet immer im Revier vor Ort statt. Auf dem Sitz angekommen verhält er sich ganz ruhig und beobachtet das Wild. Er kann nur Wild erlegen, das bis auf die passende Schussdistanz zu ihm heranzieht.

Pirsch

Pirschen, ist eine der spannendsten Jagdarten, bei der man sich langsam und leise gezielt durch das Revier bewegt. Gehst du mit einem Jäger gemeinsam auf die Pirsch, musst du immer ganz dicht hinter ihm bleiben und dich genauso bewegen wie er, damit das Wild euch nicht aus Versehen sieht. Der Wind sollte euch immer ins Gesicht wehen, damit das Wild euch nicht wittern kann.
Auch wenn sich das Pirschen im ersten Moment so anhört, als würdet ihr die ganze Zeit durch das Revier schleichen, steht und beobachtet ihr viel. Manchmal muss man richtig lange an einer Stelle warten, bis man weiterziehen oder der Jäger die Waffe auf

Papa und Sohn auf dem Ansitz.

Vater und Tochter auf der Pirsch.

den Pirschstock legen und schießen kann. Beim Pirschen muss eure Kleidung unbedingt den Farben und Strukturen der Natur angepasst sein.

Gesellschaftsjagden

Gesellschaftsjagden sind für viele Jäger der Höhepunkt des Jagdjahres. Viele Jäger und Jagdhunde kommen dort zusammen und jagen gemeinsam. Der Jagdleiter ist der Chef der Veranstaltung und für die Organisation und Sicherheit zuständig. Alle Teilnehmer müssen zu ihrer eigenen Sicherheit signalfarbene Kleidung tragen. Kinder dürfen an solchen Jagden nicht teilnehmen, da sie vor allem die Gefahrensituationen noch nicht richtig einschätzen können.
Dafür können sie auf dem Streckenplatz den Jagderfolg des Tages begutachten, gemeinsam mit den Erwachsenen das leckere Schüsseltreiben genießen und den Jagdgeschichten lauschen. Ab 18 Jahren darf man als Schütze an einer Gesellschaftsjagd teilnehmen. Um als Treiber mitgehen zu können, musst du schon jugendlich sein. Da der Jagdleiter für die Sicherheit aller Teilnehmer verantwortlich ist, wird er nur körperlich und geistig fitte, ältere Jugendliche unter Aufsicht eines verantwortlichen Erwachsenen als Treiber mitgehen lassen.

▲ Jagdhornblasen ist ein wichtiger Bestandteil der jagdlichen Tradition.

Wusstest du?

Das Schüsseltreiben ist das gemeinsame Essen der Schützen, Treiber und Hundeführer nach der Jagd.

Drückjagd

Die Drückjagd ist eine Gemeinschaftsjagd mit der Büchse auf Schalenwild wie Reh-, Dam, Rot- oder Schwarzwild. Zu Beginn einer Drückjagd werden die Schützen an ihre Stände (Ansitzeinrichtungen oder Plätze im Revier) gebracht.

Schützen sind die Jäger, die an diesem Tag schießen dürfen. Diese sitzen im ganzen Revier verteilt. Manche von ihnen haben Hunde dabei, die vom Stand des Schützens aus ins Treiben geschickt werden. Die Treiber, Hundeführer und Jagdhunde in ihren Warn- und Sicherheitswesten machen sich ebenfalls für die Jagd fertig. Die Jagd beginnt zu einer vorher festgelegten Uhrzeit. Die Hunde werden geschnallt, also zum Stöbern, losgeschickt. Zu dieser Uhrzeit machen sich auch die Hundeführer gemeinsam mit den laut rufenden Treibern auf den Weg. Sie laufen durch das Revier und bringen das Schalenwild in Bewegung. Treiber und Hunde sollen den Schützen das Wild möglichst langsam zutreiben, damit sie es gut erkennen und sicher erlegen können.

Drückjagden werden vor allem in Revieren durchgeführt, in denen viel Schwarzwild vorkommt. Das kann beim Einzelansitz sonst meist nur nachts bejagt werden.

Am Tag der Drückjagd kann mit vielen Hunden und Treibern das Schwarzwild tagsüber und bei gutem Licht auf die Läufe gebracht und bestenfalls in größerer Anzahl erlegt werden.

Hundeführer, Treiber und Stöberhunde bringen gemeinsam das Wild in Bewegung.

Eine Hundeführerin schlägt sich durch dichtes Buschwerk.

Zwei Vorstehhunde warten auf ihren Einsatz zwischen zwei Treiben.

Treibjagd

Die Treibjagd ist eine Gemeinschaftsjagd mit der Flinte auf Niederwild wie Fasan, Feldhase oder Rebhuhn. Häufig gehen Schützen und Treiber in einer Reihe über einen Acker oder eine Wiese und bringen gemeinsam mit den Vorstehhunden das Wild in Bewegung, um es mit Schrot schießen zu können.

▲ Eine Hundeführerin mit ihrem Deutsch Drahthaar auf einer Treibjagd.

▲ Ein Junge versucht einen Rehbock heranzulocken. Diese Pfeife nennt der Jäger Blatter.

Lockjagd oder Blattjagd

Wie es der Name es schon verrät, wird bei der Lockjagd versucht, das Wild zum Jäger heranzulocken. Dabei nutzt der Jäger Hilfsmittel wie Pfeifen (Locker), die Tierstimmen nachahmen können. In der Paarungszeit (Brunft) kann man einige Wildarten mit Hilfe solcher Pfeifen anlocken. In der Blattzeit klappt dies beim Rehwild meist sehr gut. Der Jäger versucht einen Rehbock mit einem Locker, der Töne wie eine Ricke oder ein Kitz macht, anzulocken. Hast du schon einmal in einen Locker gepustet? Mit etwas Übung kannst du vielleicht im nächsten Sommer einmal versuchen, einen Rehbock heranzublatten.
Wildtiere lassen sich jedoch nicht nur über Stimmen und Rufe anlocken. Gänse und Krähen kann man über sogenannte Lockbilder bejagen. Dafür stellt der Jäger Plastikfiguren auf, die wie ihre Artgenossen aussehen und lädt sie damit zum Landen ein. Im Sinkflug werden die Tiere dann beschossen.

Reizjagd

Die Reizjagd ist auch eine Form der Lockjagd und zwar auf Raubwild. Welcher Ruf könnte für einen Fuchs so reizvoll sein, dass er sich freiwillig gern in dessen Richtung bewegt? Das könnte der Ruf eines Artgenossen sein, aber auch der Ruf eines klagenden (verletzen) Beutetieres. Und genau diesen Ruf bzw. Schrei macht der Jäger sich bei der Reizjagd auf Raubwild zu Nutze. Er imitiert mit einer Pfeife den Ton eines sterbenden Hasen, ein ängstliches Vogelgeschrei oder das leise Piepen einer Maus. Auf der Suche nach Beute wird das Raubwild diesem Ton folgen und der Jäger kann es mit etwas Glück erle-

Ein Dackel wird in einen Dachsbau geschickt. Der Jäger sagt: der Dackel schlieft ein.

gen. Um diese Töne glaubhaft imitieren zu können, muss man jedoch sehr viel mit dem Locker üben.

Baujagd

Die Baujagd auf Fuchs und Dachs findet im Winter statt, wenn die Tiere sich aufgrund des schlechten Wetters lieber im unterirdischen Bau aufhalten. Ein kleiner, raubwildscharfer Jagdhund (Teckel oder Terrier) mit einer entsprechenden Ausbildung auf diesem Gebiet, wird von seinem Hundeführer zu Beginn der Jagd in den Bau geschickt. Alle Jäger warten anschließend leise an den verschiedenen Ausgängen der Bauanlage auf den flüchtenden Fuchs. Im Bau bekommt der Fuchs einen fürchterlichen Schrecken vor dem plötzlich auftauchenden Hund und verlässt ihn blitzschnell. Beim Verlassen des Baus versuchen die Jäger, den Fuchs zu erlegen.

Wusstest du?

Wenn der Hund den Fuchs aus dem Bau jagt, sagt der Jäger: Der Hund hat den Fuchs „gesprengt".

Beizjagd

Wusstest du, dass man auch mit ausgebildeten Greifvögeln zusammen auf die Jagd gehen kann? Diese sehr alte und traditionelle Jagdform heißt Beizjagd. Es gibt sie leider nicht so häufig in Deutschland. Um Greifvögel zu halten und mit ihnen jagen zu gehen, braucht man als Jäger eine zusätzliche Ausbildung zum Falkner.
Ein Falkner kann mit seinem Vogel sowohl auf andere Vögel wie Krähen oder auf kleines Haarwild wie Kaninchen, Hase oder sogar den Fuchs jagen. Je nach Größe des Greifvogels kann er kleinere oder größere Beute schlagen, also töten. Der Falkner nimmt dem Greifvogel anschließend seine Beute ab und belohnt ihn mit Futter für seinen Jagderfolg.

▲ Ein Mädchen hilft eine Falle aufzustellen.

▲ Das Warten auf den Einflug der Enten.

▲ Raubwild frisst gerne Eier. Das Ei in der Falle soll es anlocken.

Fallenjagd

Eine weitere Art, Raubwild zu bejagen, ist die Fallenjagd. Hierbei werden die Tiere entweder mithilfe von Futter in eine Falle gelockt oder die Fallen so aufgestellt, dass das Raubwild hindurchgehen muss. Ist es in der Falle, schnappt diese zu. Fallen müssen zwei Mal am Tag vom Jäger kontrolliert werden. Dabei kannst du deinen Jäger ganz sicher gern begleiten.

Entenstrich

Für die Jagd auf Enten gehst du mit dem Jäger am Abend gemeinsam auf die Jagd. Denn abends landen die Enten kurz vor Einbruch der Dunkelheit in ihrem Ruhegewässer. Um dann einen Jagderfolg zu haben, müsst ihr euch gut tarnen und ganz still verhalten. Bei jeder Entenjagd muss ein ausgebildeter Jagdhund dabei sein, der die Enten nach dem Schuss mit Freude aus dem Wasser apportiert, also zum Jäger bringt.

Suche

Bei der Suche läuft ein Vorstehhund, wie ein Deutsch Drahthaar oder ein Weimaraner, vor dem Schützen auf dem freien Feld immer wieder von rechts nach links, auf der Suche nach Niederwild. Wittert er zum Beispiel einen Hasen oder Fasan, erstarrt er ganz plötzlich und steht vor. Der Jäger weiß nun, dass sich ein Tier vor dem Hund befindet, kann es in Bewegung bringen und dann mit der Flinte erlegen.

Buschieren

Suchen Jäger und Vorstehhund gemeinsam in sehr unübersichtlichem Gelände, nennt man das buschieren. Der Jagdhund bleibt dabei immer in der unmittelbaren Nähe des Jägers und jagt mit ihm zusammen. Wittert der Hund Wild, fängt er an vorzustehen. Der Schütze weiß nun, dass sich ein Tier vor dem Hund befindet, kann es in Bewegung bringen und mit der Flinte erlegen. Wichtig ist, dass der Hund nicht nachprellt, das heißt hinter dem weglaufenden Hasen hinterherläuft. Mit diesem Verhalten gefährdet sich der Hund selbst und der Jäger kann den Hasen nicht erlegen.

Frettieren

Frettchen sind kleine Raubtiere mit einem schlanken, langen Körper und werden aufgrund dieses Körperbaus für die Jagd in schmalen Kaninchenbauen eingesetzt. Für Hunde sind diese Baue meist zu klein. Frettchen sind sehr gelehrig und können nach ihrer Ausbildung mit dem Jäger auf Kaninchenjagd gehen.
Dafür bekommt es eine kleine Glocke um den Hals bevor es in den Bau gelassen wird. Hört das Kaninchen den Klang des Glöckchens, wird es vor Schreck blitzartig den Bau verlassen. Wenn der Jäger schnell genug reagiert, hat er die Chance, ein Kaninchen in der Nähe seines Baus zu erlegen.

Für die Jagd auf Niederwild muss der Jäger einen brauchbaren Jagdhund mitführen.

▲ Langwaffen: Büchse (oben), Flinte (unten)

▲ Mit der Kurzwaffe wird nur auf kurze Entfernung geschossen.

▲ Messer zum Abfangen von krankem Wild werden auch kalte Waffen genannt.

Das Werkzeug der Jäger

Für den Jäger ist seine Waffe in etwa dasselbe wie für den Zimmermann der Hammer. Es ist sein Werkzeug, um Wild fachgerecht erlegen zu können. Dabei gibt es nicht ein Werkzeug für alles. Wildtiere sind unterschiedlich groß und kräftig und deshalb brauchen Jäger auch unterschiedliche Waffen mit passender Munition.

Langwaffen

Langwaffen sind, wie der Name es schon sagt, recht lang. Mit ihnen jagt man auf eine größere Entfernung. Für die Jagd auf Niederwild (Ente, Fasan, Feldhase, Fuchs) jagt der Jäger mit einer Flinte. Die Patronen dafür sind ganz besonders. Hast du schon mal eine gesehen? Auf einer Seite sieht man glänzendes Metall und der anderen Seite Plastik.
In diesem Röhrchen sind ganz viele kleine Kugeln versteckt. Schießt der Jäger, fliegen die kleinen Kügelchen in Richtung Wild. Die Patrone bleibt leer in der Waffe stecken.
Für die Jagd auf Hochwild (Rehe, Damwild, Rotwild, Schwarzwild) nimmt der Jäger eine Büchse. Die Patronen für dieses Gewehr sehen ganz anders aus. Sie sind viel schmaler und von oben bis unten aus Metall. Diese Patrone besteht aus zwei Teilen. Der untere Teil ist schmal und lang und der obere Teil sieht ein bisschen aus wie eine Kugelschreiberspitze. Diese Spitze fliegt bei einem Schuss aus dem Lauf des Gewehrs und trifft das Wildtier.

Kurzwaffen

Mit Kurzwaffen schießt der Jäger nur auf eine ganz kurze Distanz, das heißt, er steht sehr nah am Wild. Kurzwaffen sind Pistolen und Revolver und werden zum Beispiel bei der Fallenjagd verwendet. Ist ein Tier in einer Falle gefangen, kommt es von dort aus in einen Korb. Der Jäger steht direkt davor und erlegt dann das Tier mit seiner Kurzwaffe.

▲▼ Es gibt unterschiedliche Munition.

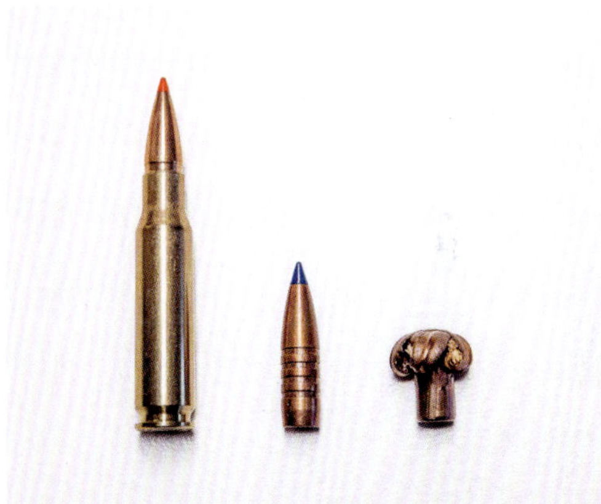

Messer

Kalte Waffen oder Blankwaffen sind in der Waidmannsprache ein anderes Wort für Messer. Diese Messer sind größer als solche, mit denen der Jäger das Wild aufbricht oder zu Hause in der Küche das Fleisch schneidet. Mit einer kalten Waffe kann ein Jäger zum Beispiel verletztes Wild erlösen.
Manchmal kann auf einer Nachsuche nicht auf ein krankes Tier geschossen werden, weil die Jagdhunde zu nah am Wild sind und durch einen Schuss verletzt werden könnten. Dann muss der Hundeführer sein sehr scharfes, langes Abfangmesser benutzen, um das Tier damit zu erlösen. Das ist eine sehr gefährliche Angelegenheit!

Achtung!

Waffen gehören nur in die Hände von Menschen, die eine entsprechende Prüfung bestanden haben. Das sind zum Beispiel Jäger, Sportschützen, Polizisten und Soldaten. Jugendliche und Erwachsene ohne eine Prüfung dürfen keine Waffe zu Hause haben oder damit schießen.

Wusstest du?

Waffen sind allgemein immer als gefährlich zu betrachten und dürfen niemals von Kindern in die Hand genommen werden! Es gibt keine Ausnahme! Möchtest du einmal Jäger werden, dann darfst du ab 16 Jahren den Jugendjagdschein machen. Hast du ihn bestanden, darfst du unter Aufsicht eines erwachsenen Jägers eine Waffe führen.

Jagdhunde

Drei Jagdhunde warten auf den Beginn einer Drückjagd.

Jagdhunderassen

Es gibt viele verschiedene Hunderassen für unterschiedliche Einsatzzwecke. Ein Schweißhund kann besonders gut mit seiner feinen Nase krankes Wild finden. Ein Apportierhund bringt zuverlässig und mit viel Freude geschossenes Wild zu seinem Hundeführer. Der Bauhund passt aufgrund seiner Größe hervorragend in einen Fuchs- oder Dachsbau und schafft es mit seiner furchtlosen Art häufig, den Bewohner aus seinem Bau zu treiben.

Vorstehhunde

Bestimmt hast du schon einmal einen Vorstehhund gesehen, der über eine Wiese läuft, ganz plötzlich wie angewurzelt stehenbleibt und dazu noch einen Vorderlauf anhebt. In dem Moment hat er die Witterung von einem Tier aufgenommen, das sich vor ihm befindet. Dabei muss er es nicht einmal sehen können. Der Jäger weiß dann, dass sich vor seinem Hund zum Beispiel ein Fasan im hohen Gras befindet.

Rassebeispiele: Deutsch Drahthaar, Deutsch Kurzhaar, Weimaraner

▲ Ein Deutsch Drahthaar steht vor.

▲ Kurzhaarteckel

▲ Rauhaarteckel

▲ Parson Russell Terrier

Bauhunde

Sie sind so klein, dass sie in einen Fuchs- oder Dachsbau passen. Sie müssen im Bau den Fuchs oder Dachs eigenständig finden und dann furchtlos aus dem Bau treiben.

Rassebeispiele: Dackel, Terrier

Stöberhunde

Stöberhunde müssen auf einer Drückjagd allein und ohne die Hilfe ihres Hundeführers arbeiten und können selbst im dichtesten Gebüsch Wild aufspüren und herausjagen. Sie bellen nicht nur, wenn sie Wild sehen können, sondern auch, wenn es kurz vor ihnen bereits geflüchtet ist und sie es nur noch riechen können. So weiß der Jäger, dass in der Nähe des laut bellenden Hundes Wild unterwegs ist und passt besonders gut auf, um vielleicht ein Stück erlegen zu können.

Rassebeispiele: Deutscher Wachtelhund, Cocker Spaniel, Springer Spaniel

Apportierhunde

Sie lieben das Wasser und bringen kleineres, erlegtes Wild wie Fasane, Hasen oder Enten mit Freude zu ihrem Hundeführer zurück. Hat der Jäger zum Beispiel eine Ente geschossen, springt der Hund ins Wasser, schwimmt zur Ente und bringt sie dann ans Ufer zu seinem Hundeführer.

Rassebeispiele: Labrador Retriever, Golden Retriever

Wusstest du?

Die grauen Haare in seinem Gesicht lassen das hohe Alter von August bereits erahnen. Heute ist der Terrierrüde 14 Jahre alt geworden. Die Narben im Gesicht erinnern an seine aufregende Zeit als Stöberhund. Als August 11 Jahre alt war, bemerkte sein Hundeführer, dass er irgendwie verändert war. Er stolperte und erschreckte sich leicht. August wurde langsam blind. Durch diese Einschränkung konnte er nicht weiter auf Drückjagden eingesetzt werden, da er die Sauen nicht mehr rechtzeitig erkannte, was gefährlich für ihn war. Alte oder gesundheitlich eingeschränkte Hunde dürfen aber nicht einfach in den Ruhestand geschickt werden. Denn: Wer rastet, der rostet! Das gilt für Menschen wie für Tiere. Damit Hunde bis ins hohe Alter fit bleiben, sind angemessene Bewegung und geistige Auslastung sehr wichtig. Senior August fährt natürlich weiterhin mit ins Revier und hat seine neue Passion in der Fährtenarbeit und dem Apportieren gefunden. Zu Hause findet er sich, trotz seiner inzwischen vollständigen Blindheit, gut zurecht. Alte Jagdhunde sind ganz besondere Hunde. Mit ihren weisen Gesichtern, Narben und Macken erzählen sie noch einmal all die Jagdgeschichten aus vergangenen Tagen, die sie mit ihrem Hundeführer gemeinsam erlebt haben.

▲ Deutscher Wachtelhund

▲ Golden Retriever

▲ Labrador Retriever

Schweisshunde

Mit ihrer extrem feinen Nase werden sie vor allem auf der Nachsuche eingesetzt. An einer langen Schweißleine führen sie ihren Hundeführer zum verletzten Wild, damit er es erlegen kann.

Rassebeispiele: Hannoverscher Schweißhund, Bayerischer Gebirgsschweißhund

Laufhunde und Bracken

Sie werden in Deutschland meist auf Gesellschaftsjagden für die Jagd auf Schalenwild eingesetzt. Sie sollen auf Drückjagden vor allem Schwarzwild auffinden und den Schützen zutreiben, damit sie es erlegen können.

Rassebeispiele: Deutsche Bracke, Tiroler Bracke, Brandlbracke, Westfälische Dachsbracke

▲ Hannoverscher Schweißhund

▲ Deutsche Bracke

▲ Tiroler Bracke

▲ Bayerischer Gebirgsschweißhund

Rätsel: Jagdhunderassen zuordnen

Sortiere die Bilder den Hunderassen zu.

A Bauhund: Teckel
B Schweißhund: Bayerischer Gebirgsschweißhund
C Laufhund: Tiroler Bracke
D Apportierhund: Labrador Retriever
E Stöberhund: Deutscher Wachtelhund
F Vorstehhund: Deutsch Drahthaar

Auflösung: A4, B5, C6, D1, E3, F2

Drei Stöberhunde mit Arbeitsschutzkleidung: Die Schlagschutzwesten schützen die Hunde vor Verletzungen.

Die Ausrüstung der Jagdhunde

Jagdhunde sind richtige Arbeitstiere. Genauso wie wir Menschen für unsere Arbeit Arbeitskleidung besitzen, haben auch Jagdhunde, ihrer Arbeit entsprechend, Arbeits- und Schutzkleidung.

▲ Durch das Klingeln der kleinen Glocke kann man die Jagdhunde schon von Weitem hören.

Neben einer Halsung und Leine, die sie im normalen Jagdalltag benötigen, gibt es zusätzlich verschiedene Spezialausrüstungen. Diese haben oft Signalfarben wie neonorange, neongelb, pink oder blau. Da diese Farben nicht in Wald oder Feld vorkommen, können Hunde damit schon aus großer Entfernung sehr gut gesehen und nicht mit Wild verwechselt werden. Die knalligen Farben dienen also nicht der Verschönerung, sondern nutzen der Sicherheit des Hundes.

Drückjagd oder Treibjagd

Schlagschutzweste in Signalfarben: Sie schützt den Hundekörper vor Verletzungen durch Wildschweine, Rot- und Damwild, Rehe, Dornenbüsche und Brennnessel.
Ortungsgerät: Mit diesem Hilfsmittel kann der Hundeführer den Standort seines Hundes auf dem Handy oder einem passenden Handgerät sehen.

Halsung in Signalfarbe oder einfache Signalweste mit Telefonnummer des Hundeführers: Falls der Hund nicht zum Hundeführer zurückfindet, kann der Finder des Hundes den Hundebesitzer anrufen, damit er ihn abholen kann.
Kleines Glöckchen: Es wird an der Halsung oder der Weste befestigt. Durch das laute Klingeln des Glöckchens wird der Hund im Wald auf der Jagd schon von Weitem gehört und kann nicht mit näherkommendem Wild verwechselt werden.

▲ Eine Alpenländische Dachsbracke mit ihrer Ausrüstung für die Nachsuche.

Nachsuche

Schweißleine: An dieser langen Leine macht der Jagdhund seine Nachsuche. Der Hundeführer hält das Ende der Leine fest und behält so den Kontakt zu ihm.
Schweißhalsung oder Geschirr: Die lange Schweißleine ist entweder an einer signalfarbenen Halsung oder einem extra Hundegeschirr für Nachsuchen befestigt. Bei einem Geschirr gehen Gurte um den ganzen Hundekörper. Eine Halsung ist ein Hundehalsband mit einer besonderen Schnalle zum Einhängen der Schweißleine.

Baujagd

Bau-Ortungsgerät: Im Bau ist es sehr eng. Aus diesem Grund trägt der Hund keine Weste oder breite Halsung, wenn er dort arbeitet. Seine Ausrüstung könnte an Wurzeln oder kleinen Ästen hängenbleiben und verhindern, dass der Hund sich selbst wieder befreien kann. Ein extra Bau-Ortungsgerät zeigt dem Hundeführer, wo und wie tief sich sein Hund in etwa unter der Erde befindet.

Ein Kurzhaarteckel wartet mit seiner Hundeführerin auf seine Prüfung auf der Hasenspur.

In der Hundeschule

Damit unsere Jagdhunde später gut mit ihrem Jäger arbeiten, müssen sie, genauso wie wir Menschen, in die Schule gehen. Bereits im Welpenalter und mit ihrem Einzug in ihr neues Zuhause lernen sie spielerisch den ersten Grundgehorsam.

„Sitz“, „Platz“ oder „Down“ und „Bleib“ werden mit vielen Wiederholungen, Leckerlis und lobenden Worten eingeübt. Ein Hundeführer weiß schon vor dem Kauf seines Hundes, für welche Arbeiten er ihn später im Revier einsetzen möchte. Im jugendlichen Hundealter übt er dann genau diese Aufgaben mit ihm.

Damit ein Hund auf der Jagd eingesetzt werden darf, muss er verschiedene Prüfungen absolvieren. In der Jägersprache sagt man, dass der Hund brauchbar werden soll. Hat der Hundeführer viel mit seinem Hund trainiert und ist mit seiner Leistung zufrieden, führt er ihn auf seine erste Prüfung. Auf den Hundeprüfungen werden Hund und Hundeführer in allen Schulfächern geprüft, die sie für ihre spätere Arbeit im Revier benötigen.

Wie lange dauert die Ausbildung?

Ein Jagdhund wird geboren. Was für ein großartiges Erlebnis! Die ersten 8 bis 10 Wochen seines Lebens verbringt der kleine Welpe bei seiner Mutter und seinen Wurfgeschwistern. Sobald die Kleinen anfangen zu laufen, lässt sie der Züchter gemeinsam mit ihrer Mutter, die Welt erkunden. Neben Ausflügen in Haus und Garten geht es schon bald das erste Mal ins Revier.

Im Spiel mit Sauschwarten, Federschwingen

oder kleinen Tunnelsystemen, wie du sie aus dem Kinderzimmer kennst, lernen die Welpen, ihren Mut zu beweisen. Durch ihr Verhalten zeigen sie schon früh, dass ein Jagdhund in ihnen steckt.
Frühestens ab der 8. Lebenswoche darf der Welpe in ein neues Zuhause ziehen. Dort lernt er seinen zukünftigen Hundeführer und dessen Familie kennen. Um das Heimweh schnell zu vergessen, braucht der kleine Welpe vor allem in den ersten Tagen nach dem Einzug besonders viel Zuwendung und Liebe.

Im neuen Zuhause

Hat sich der kleine Hund in seinem neuen Zuhause eingelebt, beginnt für ihn langsam der Ernst des Lebens – die Ausbildung zum Jagdhund. Welpen sind besonders neugierig und testen gerne ihre Grenzen aus. Deshalb müssen sie von ihrer Familie lernen, was erlaubt ist und was nicht. Schuhe anknabbern oder Essen klauen ist zum Beispiel verboten und wird mit einem strengen „Nein“, einem bösen Blick und einem Wegschieben des Hundes korrigiert.
Der Grundgehorsam, wie zum Beispiel die Kommandos „Sitz“ und „Bleib“, werden durch viele Wiederholungen und Pausen trainiert und gefestigt.
Soll der Hund später einmal Sauen jagen, wird er an einer Sauschwarte (einem Stück Fell von einem Wildschwein) darauf vorbereitet. Hat der Hundeführer das Gefühl, der kleine Hund hat seine Aufgabe verstanden, kann er in der Ausbildung einen Schritt weitergehen und zum Beispiel einen Termin in einem Saugatter vereinbaren. Dort hat der junge Jagdhund die Möglichkeit, wie

▲ Die beiden Deutsch Drahthaarwelpen werden später zu Stöberhunden ausgebildet.

▲ Der Teckelwelpe hat keine Angst vor dem Stück Sauschwarte und trägt sie stolz umher.

▲ Beim Kontakt mit einer Sauschwarte mit Haupt ist der Welpe vorsichtig und neugierig zugleich.

Die beiden Jägerkinder haben bereits regelmäßig und mit viel Freude, mit ihren Hunden und dem Hundeführer gemeinsam, den Apport trainiert.

in einem Klassenzimmer, mit echten Wildschweinen zu lernen. Soll der Hund später einmal Enten apportieren, muss er einen sehr guten Gehorsam haben und lernen, wie man einen Gegenstand korrekt im Maul trägt und zum Hundeführer bringt.

Jagdhunde-Prüfungen

Das Ziel der Jagdhundeausbildung ist es, ein echtes Team zu werden. Eine bestandene Prüfung bestätigt dem Hundeführer, dass sein Hund auf der Jagd eingesetzt werden darf. Wie lange die Ausbildung dauert und wann der Hund seine erste Prüfung absolvieren kann, ist je nach Rasse sehr unterschiedlich. Manche Hunde müssen sogar mehrere Prüfungen absolvieren, die aufeinander aufbauen und immer schwerer werden.

Eine sogenannte Brauchbarkeitsprüfung kann ein Jagdhund schon mit einem Jahr absolvieren. Der Hundeführer muss entscheiden, ob sein Hund in diesem Alter die dort geforderte Leistung bereits erbringen kann oder ob er noch etwas mehr Zeit zum Lernen braucht.

Die meisten Hunde sind mit zwei bis drei Jahren schon sehr erwachsen. Bei der Arbeit merkt man jetzt, dass der Hund zuverlässig arbeitet und seinen Einsatzbereich genau kennt. Hund und Hundeführer vertrauen sich und sind ein Team geworden.

Jagdhund von Natur aus

Warum muss ein Hund das Jagen lernen? Kann er das nicht von Natur aus? Die Antwort lautet: Ja und Nein. Jagdhunde haben eine natürliche Veranlagung und bekommen ihr Jagdverhalten von ihren Eltern vererbt. Um dieses Verhalten für die Jagd nutzen zu können, muss der Hund lernen, mit dem Menschen gemeinsam zu jagen. Das vererbte Jagdverhalten wird durch das gemeinsame Training mit dem Menschen immer weiter verbessert.
Möchte der Hundeführer mit seinem Hund züchten, muss er, zusätzlich zur Brauchbarkeit, extra Prüfungen ablegen. Nicht jeder Hund darf aufgrund seines Aussehens, Charakters oder der Leistung ein Zuchthund werden.

▲ „Voran, Apport"

Jagdhunde verstehen

Jagdhunde sind für den Jäger Teampartner, Arbeitskollege und Familienmitglied in einem. Doch Hund und Mensch sprechen von Natur aus leider nicht dieselbe Sprache. Damit sie ihren Menschen verstehen können, lernen sie von ihm alle wichtigen Hör- und Sichtzeichen.
Hörzeichen sind Sprachkommandos wie „Sitz“ und „Down“. Sichtzeichen sind die dazugehörigen Körperbewegungen des Menschen wie der erhobene Zeigefinger für das Kommando „Sitz“. Als Jägerkind hast du vielleicht sogar einen Hund zu Hause oder siehst regelmäßig befreundete Jäger mit ihren Hunden.
Einen Jäger mit einem Jagdhund nennt man Hundeführer. Wenn die Kommunikation gut funktioniert sind Hundeführer und Hund ein echtes Team. Dafür haben sie meistens sehr viele Stunden geübt und gelernt. Wenn du einmal ein guter Hundeführer werden möchtest, solltest du dich als erstes mit dem Verhalten der Hunde beschäftigen. Denn Hunde sprechen ihre ganz eigene Sprache, die du erst kennenlernen musst, um Missverständnisse zu vermeiden.

Hör- und Sichtzeichen

Hast du in deiner Familie einen eigenen Jagdhund, dann braucht ihr euch nicht mehr neu kennenlernen. Du kennst die Kommandos, die euer Hund bekommt, wenn er gehorsam sein soll oder es auf die Jagd geht.
Sicher ist dir aufgefallen, dass der Hund bei dir nicht immer ganz so gut hört, wie bei einem Erwachsenen. Das liegt daran, dass der erwachsene Jäger viel mehr Zeit mit dem Hund und seiner Ausbildung verbringt als ein Kind. Hunde gehorchen also dem, der sich viel mit ihm beschäftigt. Möchtest du mehr über Jagdhunde lernen, dann frage deine Eltern, ob sie dir deine ersten Hunde-Kommandos beibringen können.
Anweisungen kann man sowohl mit der Stimme als auch mit dem Körper geben. Hat der Hund beides gelernt, kannst du ihn nur mit der Stimme aber auch nur mit dem Körper lenken.
Ein paar Leckerli als Belohnung helfen deinem Hund, sich schneller auf dich zu konzentrieren. Trotzdem muss vor allem am Anfang immer eine erwachsene Person, die den Hund kennt, bei eurem Training dabei sein. Beginne am besten in einer ruhigen Umgebung bei euch zu Hause. So kann sich euer Hund ganz auf dich konzentrieren.

Drei Kommandos

„Sitz"
Der Hund soll sich vor dir hinsetzen. Dafür stellst du dich aufrecht hin und rufst ihn zu dir heran. Steht er genau vor dir, sag deutlich „Sitz" und hebe gleichzeitig einen Zeigefinger in die Luft.

„Down" oder „Platz"
Der Hund soll sich hinlegen und auch den Kopf auf den Boden legen. Dafür stellst du dich mit drei Schritten Abstand aufrecht vor ihn hin, sagst deutlich „Down" und bewegst deine offene Hand in Richtung Boden. Gedanklich kannst du dir die Bewegung so vorstellen, als wenn du den Hund mit deiner Hand auf den Boden drückst. Das würdest

du natürlich nie in echt tun, denn wir wollen immer freundlich mit unseren Hunden umgehen. So wird man ein tolles Team.

„Bleib"
Der Hund soll im „Sitz" oder „Down" bleiben, wenn du weggehst. Du stehst immer noch vor deinem Hund. Lege eine Stelle in deiner Nähe fest, zu der du jetzt hingehen möchtest. Nun drehst du dich langsam vom Hund weg und streckst dabei die offene Hand hinter dir in Richtung des Hundegesichts. Schaue ihn dabei an. Gedanklich kannst du dir vorstellen, dass du deinen Hund mit deiner Hand von dir wegschieben möchtest. Mit dem Kommando „Bleib" gehst du nun langsam los. Nach vier bis fünf Schritten kannst du die blockierende Hand wieder wegnehmen, dein Gesicht nach vorne drehen und weitergehen.
Drehe dich erst wieder zu ihm um, wenn du am Ziel angekommen bist. Ist dein Hund sitzen oder liegen geblieben, kannst du ihn aus der Ferne mit einer freundlichen Stimme loben. Als Auflösung kannst du ihn nun zu dir heranrufen und mit ihm spielen.

Wusstest du?

Beende deine Übungen immer mit etwas Positivem, damit sich dein Hund mit Freude an das Training erinnert. Das können lobende Worte, Spiele oder das Füttern von einem Leckerli sein.

Wusstest du?

Schleppwild ist totes Wild, das zur Ausbildung von Hunden verwendet wird.

▲ Kratze mit dem Schuh den Boden etwas auf.

▲ Rupfe Daunen vom Federwild und lege sie dazu.

Aktividee: Eine Schleppe ziehen

Wer später einmal ein Hundeführer werden möchte, muss sich auch mit der Ausbildung eines Jagdhundes beschäftigen. Wie jedes Kind gehen auch unsere jungen Jagdhunde in die Schule. Der Hundeführer lehrt sie alle Fächer, die sie später im gemeinsamen Jagdalltag brauchen.
Jagt der Jäger in seinem Revier auf Hase, Fasan oder anderes Niederwild, ist die Schleppenarbeit ein wichtiges Schulfach. Dabei folgt der Hund allein mit Hilfe seiner Nase einer vom Schleppenleger künstlich gezogenen Duftspur. Hat der Hund das geschleppte Wild schließlich gefunden, trägt er es seinem Hundeführer zu.
Ist der Jagdhund in der Schleppenarbeit ein Profi geworden, kann er im Jagdalltag schnell und zuverlässig angeschossenes Wild aufspüren und es seinem Hundeführer zutragen.

Anleitung für deine erste Schleppe

Habt ihr einen Jagdhund, der bereits Erfahrung mit der Schleppenarbeit hat? Dann ist es an der Zeit, deine erste Schleppe zu legen! Deine Mutter oder dein Vater sind mit dabei.

Zu Hause

- Eingefrorenes Niederwild, wie Hase, Fasan oder Ente, wird komplett aufgetaut. Das kann manchmal zwei Tage dauern, alternativ kannst du hierfür aber auch ein Fell, Federdummy oder Trockenwild benutzen.

- Lege eine lange Schnur oder Wäscheleine auf den Boden, stelle dich an ein Ende und gehe fünf große Schritte entlang der Schnur, schneide sie an dieser Stelle ab.
- Packe Seifenblasen ein.

Im Revier

- Gehe auf einen Stoppelacker oder eine kurzgemähte Wiese.
- Suche zwei armlange, stabile Stöcke.
- Binde ein Ende deiner Schnur am Hals des Wildes fest.
- Lege mit dem Hundeführer zusammen den Anschuss fest, also den Anfangspunkt deiner Schleppe.

Am Anschuss

- Kratze mit deinem Schuh an dieser Stelle den Boden etwas auf.
- Reibe mit dem Wild zweimal über den Anschuss und drehe es danach auch einmal um dich herum, um den Duft besser auf dem Boden zu verteilen. Der Geruch des Wildes haftet nun am Boden.
- Rupfe etwas Bauchwolle vom Hasen oder Kaninchen – oder Daunen vom Federwild – und lege sie dazu.
- Nimm einen Stock und stecke ihn in den Boden, der Anschuss ist nun markiert.
- Lege das Wild, welches an der Schnur festgebunden ist, auf den Anschuss.

▲ Der erste Stock markiert den Anschuss.

Wusstest du?

Was ist ein Anschuss? Dort, wo das Wild getroffen wurde, eventuell kurz rolliert (hingefallen) und weitergelaufen ist, entsteht ein intensives Geruchsbild, daran kann sich dein Hund orientieren.

▲ Die Schleppe wird gezogen.

▲ Bevor du abbiegst, steckst du den 2. Stock in den Boden.

▲ Binde das Schleppwild los und lege es auf die Bauchseite.

Eine Schleppe ziehen

- Das Wild liegt an dem einen Ende der Leine auf dem Boden, du hältst sie an dem anderen Ende fest.
- Prüfe mit Seifenblasen, aus welcher Richtung der Wind kommt, mit dem Wind im Rücken ziehst du deine Schleppe.
- Du bist nun der Schleppenleger.
- Nimm deinen 2. Stock mit.
- Gehe 30 große Schritt geradeaus und ziehe das Schleppwild an der langen Schnur hinter dir her.
- Halte nach 30 Schritten an und stecke deinen 2. Stock in die Erde.
- Biege nun in einem leichten Bogen nach rechts oder links ab und gehe noch 20 weitere Schritte.
- Nach 20 Schritten bist du am Ziel.
- Binde das Schleppwild los, lege es auf die Bauchseite und lasse es an dieser Stelle liegen.
- Nun musst du dich mit Abstand zum Schleppwild verstecken, der Hund darf dich bei seiner Suche nicht sehen.
- Gehe daher mindestens 20 weitere große Schritte.

Wusstest du?

Als Schleppenleger hinterlässt du verschiedene Duftspuren: die des Wildes und deine eigenen. Bei Regen, Wind oder starker Hitze ist es für den Hund sehr schwer, diese Duftspuren zu riechen. ACHTUNG! Man darf nur im „eigenen" Revier mit Wild arbeiten!

- Winke dem Hundeführer zu, nun weiß er, dass er den Jagdhund gleich arbeiten lassen kann.
- Lege dich sofort nach dem Winken flach auf den Boden und versuche, für den Hund unsichtbar zu werden.
- Hat der Hundeführer den Hund geschnallt, also von der Leine gelassen, begibt er sich auf die Suche.
- Hat der Hund das Wild gefunden, wartest du noch, bis der Hund fast wieder beim Hundeführer ist und gehst dann ebenfalls zurück.
- Juhu, deine erste Schleppe wurde erfolgreich vom Jagdhund ausgearbeitet

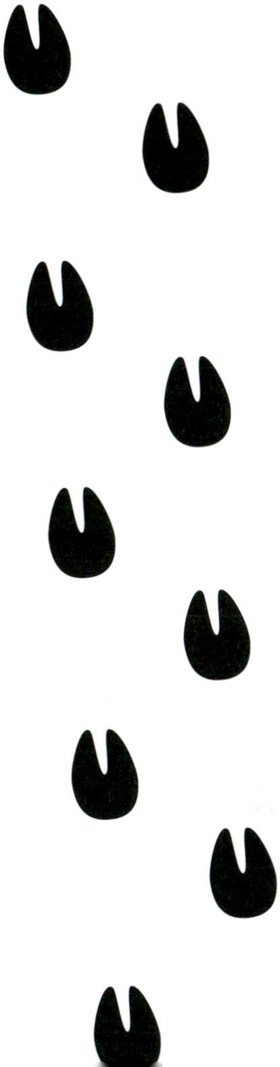

▲ Nachdem du dem Hundeführer zugewunken hast, weiß er, dass der Hund gleich arbeiten kann.

▲ Verstecke dich im Liegen auf dem Boden.

▲ Nachdem der Hund die Schleppe erfolgreich ausgearbeitet hat, darfst du ihn ausgiebig loben.

Fragen & Antworten

Jägerkinder fragen – Jäger antworten

Welche Wildtiere kann man bei einem Mondansitz beobachten?

Man kann hauptsächlich Tiere beobachten, die nachts aktiv sind. Wenn Wildschweine im Revier sind, hat man gute Chancen, sie in den hellen Nächten zu sehen. Mir ist bei einem solchen Ansitz schon mal eine Eule durch die Kanzel geflogen. Da habe ich mich erst ganz fürchterlich erschrocken. Aber dann habe ich mich über diesen seltenen Anblick gefreut. Es gibt noch viel mehr nachtaktive Wildtiere wie zum Beispiel Füchse, Waschbären, Feldhasen, Dachse und Fledermäuse.

Warum nimmt ein Jäger Hunde mit zur Entenjagd?

Wenn der Jäger eine Ente schießt, fällt sie oft ins Schilf oder Wasser. Sein ausgebildeter Jagdhund hilft ihm dann beim Auffinden der toten Ente. Der Hund schwimmt im Wasser auf der Suche nach ihr. Schließlich findet er die Ente und bringt sie an Land. Wenn man zur Entenjagd geht, kann es auch passieren, dass die Ente durch den Schuss nicht gleich gestorben ist, sondern nur verletzt wird. Der Hund hilft dann, die Ente schnell zu finden und bringt sie dem Hundeführer, damit er sie erlegen kann.

Warum jagen wir Füchse, wenn wir sie nicht essen?

Füchse jagen gerne Mäuse. Mäuse haben manchmal Krankheiten, von denen sie selbst nicht krank werden, andere Tiere aber schon. Wenn es in diesem Jahr sehr viele Mäuse als Nahrung für Füchse gibt, bekommt die Fähe (Fuchsmama) mehr Welpen als in einem Jahr, in dem es wenig Futter gibt. Leben viele Füchse in einem Revier, können sie sich untereinander und auch unsere Haustiere mit Krankheiten anstecken. Damit das nicht passiert und die Tiere im Revier gesund bleiben, werden einige Füchse vom Jäger erlegt. Das ist ein Grund, warum Jäger Füchse jagen. Im Winter nutzen viele Jäger das Fell der erlegten Füchse und nähen sich daraus warme Decken.

Dürfen Kinder auch mal schießen?

Nein, Kinder dürfen gar nicht schießen! Wenn Kinder alt genug sind und schießen lernen möchten, können sie das Sportschießen in einem Schützenverein erlernen. Dort gibt es extra Waffen, die für Jugendliche geeignet und erlaubt sind. Kinder und Jugendliche dürfen niemals die Waffen eines Jägers in die Hand nehmen oder gar mit ihnen schießen. Auch nicht ausnahmsweise!

Warum haben Frischlinge Streifen und Rehkitze Punkte?

Punkte und Streifen sind Muster, die den Kitzen und Frischlingen in den ersten Lebenswochen als Tarnung dienen sollen. Je nachdem wo die Tiere leben, hat die Natur ihnen ein bestimmtes Tarnmuster geschenkt. Mit ihm können sie sich besser vor Fressfeinden verstecken.

Kleine Kitze ducken sich bei Gefahr im hohen Gras ganz nah an den Boden. Durch die Punkte sieht man sie sehr schlecht. Mit dieser Tarnung können sie nur schwer von Raubwild gefunden werden und bleiben am Leben. Frischlinge werden die Jungen vom Wildschwein oder Schwarzwild genannt. Sie werden meistens von ihrer Mutter, die Bache genannt wird, im Wald versteckt. Zwischen den Stämmen und Ästen der Bäume sind Streifen die bessere Tarnung, um nicht entdeckt zu werden.

Warum können nicht alle Tiere am Leben bleiben?

Der Jäger erlegt Wildtiere, damit es nicht zu viele von ihnen an einem Ort gibt. Leben viele Tiere von einer Wildart auf engem Raum, benötigen sie sehr viel Futter. Dadurch können große Schäden auf bewirtschafteten Äckern, Wiesen und an Bäumen entstehen. Einige der Tiere finden trotzdem nicht genug Futter und bleiben schwach. Auch Krankheiten können sich in einer großen Population, so wird die Gruppe einer Tierart auch bezeichnet, schneller ausbreiten.

Auf natürlichem Weg helfen große Raubtiere wie Wolf und Bär, die Anzahl der Wildtiere nicht zu groß werden zu lassen. Als großes, wildes Raubtier lebt in Deutschland aber nur der Wolf. Ihn gibt es auch nicht überall. Wölfe fressen Rehe, Frischlinge und kleines Wild. Bei großen Wildarten wie Rot- oder Damwild, haben sie nur selten eine Chance, ein junges oder krankes Tier zu erbeuten. Jäger jagen also, damit es im Revier ein Gleichgewicht von allen Wildarten gibt und der Bestand gesund bleibt.

Darf dein Papa jedes Tier töten, das er sieht?

Nein, es gibt Gesetze und Regeln, die ihm sagen, wann er welches Tier erlegen darf. Er darf auch nur in seinem eigenen Revier jagen bzw. dort, wo es erlaubt ist.

▲ Der Jäger erklärt das Gehörn des erlegten Rehbocks.

Ist die Jagd gefährlich?

Die Jagd ist anspruchsvoll, aber nicht grundsätzlich gefährlich. Ein Jäger muss immer genau wissen, was er tut. Damit er eine Waffe benutzen und ausgewählte Wildtiere schießen darf, muss er eine schwierige Prüfung ablegen. Wildtiere sind nicht gefährlich. Sie haben viel mehr Angst vor Menschen als wir vor ihnen und laufen bei Gefahr einfach weg.

Wie spricht man Rehwild richtig an? Also ob Bock oder Ricke?

Um den Unterschied zu erkennen, musst du viel draußen sein und das Rehwild beobachten. Zusammen mit einem Jäger, der dir sein Aussehen erklärt, lernst du bald, wie man es unterscheiden kann. Im Winter ist es etwas schwieriger, aber mit etwas Übung gut zu erkennen. Eine Ricke, also ein weibliches Reh, hat dann am Hinterteil einen großen weißen Fleck, der wie ein plüschiges Herz aussieht, das verkehrtherum steht. Der Jäger sagt Schürze dazu. Aus dieser Schürze hängt ein kleiner Wedel herunter.

Ein Bock hat auch einen weißen Fleck am Hinterteil, der jedoch viel kleiner ist. Vom Frühjahr bis in den Herbst hinein kann man beide Geschlechter sehr gut am Kopfschmuck unterscheiden. Die männlichen Stücke tragen in der Zeit ein kleines Gehörn auf dem Kopf, die weiblichen nicht. Ganz selten haben auch Ricken ein klitzekleines Gehörn auf dem Kopf. Deshalb muss man immer ganz genau beobachten, welches Tier gerade vor einem steht.

Warum muss man beim Jagen so lange still sitzen bleiben?

Die Frage stelle ich mir auch ganz oft. Ich bin nämlich auch sehr ungeduldig. Das Problem mit dem Zappeln oder laut Reden ist, dass Wildtiere den Hochsitz wackeln sehen oder bemerken, dass sich im Inneren etwas Unbekanntes bewegt. Da sie besser als wir

Menschen hören können, kommen sie dann nicht in die Nähe des Hochsitzes und meiden den Ort. Wenn du also leise redest und dich nur langsam bewegst, kannst du auf dem Ansitz viel mehr Tiere beobachten.

Wie oft schießt ein Jäger?

Ob ein Jäger überhaupt zum Schuss kommt, hängt von ganz vielen Dingen ab. Ich habe im Sommer bei acht Ansitzen viele Stunden lang auf denselben Rehbock gewartet. Er tauchte entweder gar nicht auf, war die ganze Zeit zu weit weg oder stand nicht in der richtigen Position, weshalb ich ihn nicht schießen konnte.
Ob ein Jäger zum Schuss kommt hängt zum Beispiel davon ab, wie viel Wild im Revier ist, zu welcher Jahreszeit man unterwegs ist und ob man viel Glück und den richtigen Platz ausgewählt hat. Die meisten Jäger schießen nicht jedes Mal, wenn sie rausgehen. Manchmal klappt es sechs Mal nicht und dann wieder zwei Mal hintereinander.

Warum darf ich nicht mit zur Nachsuche kommen?

Während einer Nachsuche ist es einfach viel zu gefährlich, darum ist eine Begleitung durch Kinder auch gesetzlich verboten, siehe auch Seite 60, 79 und 84.
Oft weiß der Jäger nicht, wie die Nachsuche ausgehen wird, weil verletzte Wildtiere immer unberechenbar sind. Der Nachsuchenführer ist während seiner Arbeit zusätzlich damit beschäftigt auf den Weg, sich selbst und seinen Hund aufzupassen. Manchmal nimmt er den Jäger mit, der ihn angerufen und um Hilfe gebeten hat.
Wenn das kranke Wild plötzlich auftaucht und schnelle Entscheidungen getroffen werden müssen, ist es besser und sicherer für alle, wenn so wenig erwachsene Personen wie nötig dabei sind.

Fleisch oder Gemüse?

Der Mensch ist ein Omnivore, also ein Allesfresser. Er kann tierische Nahrung (Fleisch) und auch pflanzliche Nahrung (Getreide, Obst und Gemüse) essen und in seinem Körper verwerten.
Auch wenn wir alles essen können, heißt es nicht, dass allen Menschen alles schmeckt. Gibt es etwas, dass deine Eltern oder Geschwister gern essen, du aber überhaupt nicht? Sicher hast du auch schon einmal etwas von Vegetariern oder Veganern gehört. Kennst du den Unterschied?

Vegetarisch und vegan

Vegetarier essen kein Fleisch. Sie machen einen Kompromiss, weil sie Lebensmittel essen, die mit Hilfe von Tieren produziert werden wie Eier, Milch und Käse. Aber auch viel pflanzliche Nahrung steht auf ihrem Speiseplan, wie Getreide, Obst und Gemüse.
Veganer möchten nur pflanzliche Nahrung essen. Sie verzichten auf Fleisch, Eier, Käse und Milch und versuchen, tierische Produkte durch pflanzliche Alternativen zu ersetzen.
Bei den Essensgewohnheiten kann es manchmal sogar Streit geben, wenn keiner die Vorlieben des anderen respektiert oder

▸ Alles(fr)esser sind Menschen, die tierische und pflanzliche Lebensmittel essen. Auch Fleisch.

sie dem anderen zum Vorwurf macht. Wie reagiert man am besten darauf? Was soll man einem Vegetarier oder Veganer sagen, wenn sie die Entscheidung, Fleisch oder tierische Produkte zu essen, nicht akzeptieren? Als Jäger findet man eine Antwort. Wildtiere leben ein selbstbestimmtes Leben. Sie fressen die Nahrung, die sie in der Natur finden und wählen dabei ihre bevorzugten Pflanzen und Beutetiere aus. Niemand muss sie, außer in Notzeiten, füttern oder tränken. Sie leben immer frei und nicht eingezäunt auf Wiesen oder in Stallanlagen.
Es gibt bei der Jagd keinen Transport von lebenden Tieren bis zum Schlachthaus. Es werden keine extra Futtermittel angebaut. Das vom Jäger erlegte Wildtier wird nach seinem Tod direkt zum Lebensmittel. Diese Gründe sprechen dafür, dass Wildfleisch ein ökologisches und gesundes Lebensmittel ist.

Respekt vor der Entscheidung

Natürlich haben Veganer recht, wenn sie sagen, dass für jedes tierische Produkt, das wir essen, am Ende ein Tier sterben wird. Wer sich für das Bio-Ei vom Bauern um die Ecke entscheidet, muss wissen, dass das Huhn irgendwann geschlachtet wird, wenn es zu alt zum Eierlegen ist. Bei der Milch ist es genauso. Auch der Rehrücken auf dem Grill hat einmal gelebt. Ohne Tier kein Fleisch, ohne Huhn kein Ei.
Wichtig ist es, sich in die andere Person hineinzuversetzen und auch kritischen Fragen offen gegenüberzustehen. Das heißt, dass wir die Entscheidung des anderen, Fleisch oder kein Fleisch zu essen, respektieren sollten. Deshalb kann man trotzdem gut miteinander auskommen und befreundet sein.

▲ Als Jägerkind weißt du: Fleischessen ist mit viel Arbeit verbunden, bevor es auf dem Teller liegt.

Spiel & Spaß

Aktividee: Der Jägerfamilientag

Herzlich willkommen beim Jägerfamilientag! Einem Nachmittag, an dem man mit befreundeten Jägerfamilien eine schöne Zeit verbringt und gemeinsam Spaß hat. Für die Planung musst du deine Eltern bitten, so einen Tag zu organisieren. Dafür bekommt ihr hier ein paar Ideen.

Was machen wir gemeinsam?

Für den aktiven Teil des Nachmittages planen ein bis zwei Erwachsene fünf Stationen mit Fragen und Aufgaben für alle Kids rund um das Thema Jagd, Hunde und Natur. Diese gilt es gemeinsam mit der Familie zu lösen.

Die Stationen werden an einem schönen Ort im Revier aufgebaut. Jede Station wird mit einem Luftballon gekennzeichnet, so dass alle Kinder sie mit etwas Geschick aus der Ferne entdecken können.

Neben Quizfragen, bei denen ganz sicher viel gelacht wird, gibt es Stationen, bei denen man Dinge ertasten, bestimmen, sammeln und malen muss.

Zuletzt treffen sich alle Familien gemeinsam zur Hundeaufgabe. Mit Feuereifer dürfen sich alle Kinder nacheinander gegenseitig die Schleppe ziehen und ihre Hunde gemeinsam mit den Erwachsenen zum Apport schicken.

Nach den Spielen sind alle hungrig und es wird gemeinsam gegrillt oder Kuchen gegessen. Auch die Kinder helfen fleißig bei den Vorbereitungen und basteln Tischdeko aus Naturmaterialien, helfen beim Kuchen backen und Zusammenpacken der Spielsachen.

▲ An Station 2 warten wilde Quizfragen auf die Jägerfamilie.

▲ Gemeinsam werden Bilder ausgemalt und Wildtiere bestimmt.

▲ Jedes Kind freut sich über einen kleinen Preis am Ende des Jägerfamilientages.

▲ Die Jägermutti muss erraten, welches Wildtier auf ihrem Rücken steht. Die beiden Mädchen dürfen nur mit Ja oder Nein antworten.

Wer bin ich?

Wie schwierig ist es eigentlich, eine Frage ausschließlich mit „Ja“ oder „Nein“ zu beantworten? Beim Spiel „Wer bin ich?“ hat die Mutter von Helene und Christian das Wort Fuchs auf dem Rücken stehen und muss erraten, welches Wildtier sie ist. Die beiden Geschwister dürfen auf ihre Fragen nur mit Ja oder Nein antworten und keine weiteren Hinweise geben.

„Bin ich ein Pflanzenfresser?“

„Nein.“, antworten die Geschwister fast zeitgleich.

„Bin ich ein Allesfresser?“

„Jaaa!“, prusten sie fröhlich heraus.

„Und darf der Jäger mich schießen?“

„Ja, wenn er die Hühner holt!“ Christian vergaß kurz, einfach nur mit einem „Ja“ zu antworten und sorgt mit seiner lustigen Antwort für reichlich Gelächter.

Tipps für den Jägerfamilientag

(Dauer ca. 4-5 Stunden)

- max. acht Familien mit Hund einladen
- ausreichend großen Treffpunkt für mehrere Autos festlegen, mit der Möglichkeit, Tische und Stühle für den gemütlichen Teil aufzustellen
- Planung der fünf Stationen durch maximal zwei Personen
- vorab Preise und Urkunden für alle Familien basteln
- Aufgaben entsprechend den Altersgruppen leichter oder schwieriger gestalten
- Erstellung einer Mitbringliste (Lebensmittel, Tische, Stühle ...) mit Aufteilung auf alle Familien

- bei Hitze: Aufgaben an Schattenplätze stationieren
- Teilnahme mit ausschließlich verträglichen Hunden
- Wasser für die Hunde bereitstellen, auch für die Kinder/Teilnehmer

Und nun, viel Spaß und Waidmannsheil!

Was wächst im Revier?

„Gänseblümchen und Löwenzahn sind ja einfach. Aber was sind das für Nadeln?" Luise schaut nachdenklich drein und bittet schließlich ihre Mutti um Hilfe. Jägerin Julia erklärt ihrer Tochter anschaulich die unterschiedlichen Nadeln von Tanne, Kiefer und Fichte. Luise nickt begeistert und sortiert die Äste der Nadelbäume sofort auf die richtigen Namenszettel. Bei diesem Spiel müssen Kräuter und Blätter aus dem eigenen Revier den richtigen Namenszetteln zugeordnet werden. Das ist ein Spaß für die ganze Familie! Die Kids dürfen anfangen, zuordnen und rätseln. Eine Hilfestellung durch die Eltern ist ausdrücklich erwünscht. Die schwierigeren Pflanzenteile werden anschließend durch die Eltern an die richtige Stelle gelegt. Haben sie am Ende alles richtig zugeordnet? Ein Lösungszettel gibt die Antworten vor. Wer das Spiel noch interessanter gestalten möchte, kann sich vorab mit den heilenden Eigenschaften der Pflanzen auseinandersetzen und diese mit auf den Zettel schreiben. Wusstest du, dass Wildkräuter, wie Löwenzahn und Brennnessel, auch gesund für unsere Jagdhunde sind?

▲ Abgestorbene Bäume sind tolle Verstecke für Aufgaben oder Quizfragen.

Aktividee: Wilde Küche für Jägerkids

Die knusprigen Chicken Nuggets aus dem Supermarkt kennt jedes Kind. Aber hast du schon einmal Wilde Nuggets vom Reh probiert? Die sind so lecker, dass man sich schnell Nachschlag holen möchte, bevor der Rest der Familie sie verputzt hat. Eine richtig gute Currywurst gibt es nur am Imbisswagen? Weit gefehlt. Wir zeigen dir, wie man zu Hause eine mindestens genauso leckere, wilde Currywurst zubereitet.

Rehnuggets mit Preiselbeer-Dip

für 4 Personen

Zutaten für die Nuggets

- 500g Filet, Rücken oder Keule (am besten eignet sich Fleisch, das nur kurz gebraten werden muss)
- 2 Eier
- Mehl zum Panieren
- Semmelbrösel zum Panieren
- Salz, Pfeffer
- hoch erhitzbares Fett zum Braten, z.B. Rapsöl

Zutaten für den Dip

- 6 Teelöffel Preiselbeeren aus dem Glas
- 4 Teelöffel Meerrettich
- 300 g Frischkäse, natur
- 6 Esslöffel Sahne

Wusstest du?

Wichtig: Beim Umgang mit großen, scharfen Messern und heißem Fett, muss immer ein Erwachsener bei der Zubereitung helfen.

Zubereitung

① Schneide das Fleisch auf einer schnittfesten Küchenunterlage zuerst in Scheiben und anschließend in kleine Stücke von etwa 4-5 cm. Weißt du, wie groß Chicken Nuggets sind? So groß sollen deine Reh-Nuggets am Ende auch werden. Ähnlich wie bei der Zubereitung von Schnitzeln stellst du drei Teller vor dir auf den Küchentisch: einen mit Mehl, einen zweiten mit zwei verquirlten Eiern und einen dritten mit Paniermehl.

② Nun würzt du dein rohes Fleisch mit etwas Salz und Pfeffer und wendest deine Fleischstücke von beiden Seiten zuerst in Mehl, danach in der Eimasse und zum Schluss im Paniermehl.

③ Deine Eltern oder großen Geschwister bereiten schon einmal die Pfanne zum Braten vor. Ab jetzt geht es sehr schnell. Die panierten Nuggets sollen, mit reichlich hoch erhitzbarem Öl, vorsichtig in eine heiße Pfanne gegeben werden. Achtung, das heiße Fett kann spritzen! Damit das Fleisch richtig knusprig wird, muss es im Öl schwimmen. Backe die Nuggets so lange im Fett aus, bis beide Seiten goldbraun sind.

④ Für den Dip gibst du alle Zutaten in eine Schüssel und verrührst sie. Wenn du es nicht so scharf magst, kannst du die Menge des Meerrettichs auch verringern oder ihn ganz weglassen. Als Beilage passen Pommes, Kartoffelpüree, Brot oder Baguette zu deinen „Wilden Nuggets".

Wilde Wurst

für 2-3 Personen

Unsere „Wilde Wurst“ mit Currysoße schmeckt würzig, leicht scharf und auch etwas fruchtig.

① **Zutaten**

- 4 Bratwürste vom Wild (es eignen sich alle Wildsorten)
- Fett zum Braten
- 1 kleine Zwiebel
- 5 Teelöffel Tomatenmark
- 2 Teelöffel Honig
- 2 Teelöffel Pfirsichmarmelade
- 2 Teelöffel Aceto Balsamico Essig
- 50 ml Orangensaft
- 4 Esslöffel Currypulver
- 500 ml Tomatenketchup

Zubereitung

Für die Currysoße wird die Zwiebel in sehr kleine Stücke geschnitten. Anschließend wird das Bratfett in einer hohen Pfanne erhitzt und die Zwiebelstücke so lange darin gebraten, bis sie anfangen, braun zu werden. Jetzt gibst du Tomatenmark, Honig, Balsamico Essig und Pfirsichmarmelade dazu, lässt alles kurz aufkochen und löschst das Ganze mit Orangensaft ab. Zuletzt werden Tomatenketchup und Currypulver in die Pfanne gegeben.

② Ist die Soße vorbereitet, werden die wilden Bratwürste in einer weiteren Pfanne mit Fett goldbraun gebraten. Sind sie fertig, schneidest du sie in kleine Stücke.

③ ④ Die Currysoße und das Currypulver darüber – fertig.

Das Quiz rund um die Jagd

1.) Wie heißt der Schwanz vom Fuchs?

A Lunte
B Wedel
C Pürzel

2.) Darf ein Kind an einer Nachsuche teilnehmen?

A Ja
B Nein
C Nur wenn ein Reh gesucht wird

3.) Wie nennt der Jäger den Mond?

A Lichtkugel
B Schweinesonne
C Hirschlampe

4.) Welche Jagdhunderasse eignet sich für die Bauarbeit?

A Labrador Retriever
B Teckel
C Deutsch Drahthaar

5.) Wie heißt das männliche Reh?

A Geiß
B Hirsch
C Rehbock

6.) Wie heißen die Ohren vom Feldhasen?
A Teller
B Lauscher
C Löffel

7.) Wie nennt man einen einzelnen Fußabdruck der Wildtiere?
A Schale
B Schuh
C Trittsiegel

8.) Wie heißt die Lockfütterung für Wildschweine im Wald?
A Luderplatz
B Suhle
C Kirrung

9.) Wie heißt die Zeit, in der Wildtiere nicht bejagt werden dürfen?
A Ruhezeit
B Schonzeit
C Freizeit

10.) Wie nennt man den ausgetretenen Pfad, den das Wild als Straße benutzt?
A Hüpfer
B Wechsel
C Sprint

11.) Wie heißt das Jungtier vom Reh?
A Frischling
B Kitz
C Keiler

12.) Welche Wildart kann man mit einer Falle bejagen?
A Rehwild
B Fuchs
C Damwild

13.) Wie heißt das männliche Wildschwein?
A Eber
B Bulle
C Keiler

14.) Wie nennt man eine Lockpfeife, mit der man Rehwild anlocken kann?
A Brüller
B Blatter
C Pfeifholz

15.) Wie nennt man die Augen des Schalenwildes?
A Schatten
B Lichter
C Teller

16.) Welches Bruchzeichen gibt es?
A Schweinebruch
B Erlegerbruch
C Ruhebruch

17.) Was sind kalte Waffen?
A Pfeile
B Speere
C Messer

18.) Wie heißt das Kommando für das Hinlegen des Jagdhundes?

A Sitz
B Platz
C Apport

19.) Ab welchem Alter kannst du deinen Jugendjagdschein machen?

A 16 Jahre
B 17 Jahre
C 18 Jahre

20.) Was wünscht man einem Jäger nach einem Jagderfolg?

A Waidmannsheil
B Hals- und Beinbruch
C Jägerglück

21.) Wie heißt ein Baum, an dem sich Wild schubbert?

A Maibaum
B Malbaum
C Kratzbaum

22.) Welche Nahrung äsen Rehe am liebsten?

A Zarte Gräser, Kräuter, Knospen
B Mais, Regenwürmer, Eier
C Mäuse, Schnecken, Weizen

23.) Welche Tarnfarbe seiner Bekleidung nutzt der Jäger bei Schnee?

A Grün
B Braun
C Weiß

24.) Wo wartet der Jäger auf das Wild?

A Hochsitz
B Sitzplatz
C Jagdplatz

25.) Wie nennt man die Paarungszeit beim Wildschwein?

A Walz
B Balz
C Rausche

26.) Was gehört in den Jagdrucksack eines Jägerkindes?

A Munition
B Chipstüte
C Gehörschutz

27.) Was ist eine Langwaffe?

A Büchse
B Revolver
C Pistole

28.) Wie nennt der Jäger das Blut vom Wild, nachdem es beschossen wurde?

A Losung
B Rote Arbeit
C Schweiß

29.) Womit ehrt ein Jäger das erlegte Tier?

A Mit einer Brosche
B Mit einem Grabstein
C Mit einem Bruch

Auflösung: 1A, 2B, 3B, 4B, 5C, 6C, 7C, 8C, 9B, 10B, 11B, 12B, 13C, 14B, 15B, 16B, 17C, 18B, 19A, 20A, 21A, 22A, 23C, 24A, 25C, 26C, 27A, 28C, 29C

Karlas Tagebuch

Hier sind wir am Ende des Jagdbuches für Kids angekommen. Wir hoffen, dass du viel Spaß beim Lesen hattest und vielleicht neue Dinge lernen konntest. Wie zu Beginn des Buches versprochen, erzählt uns Jägerkind Karla nun, wie ihr Jagdausflug mit ihrem Papa auf den Mai-Bock ausgegangen ist. Zuletzt hatte sie drei Rehe gesehen. Sie wusste aber nicht, ob ihr Papa, der später zum Hochsitz kam, sie auch schon gesehen hatte.

Karla schreibt

Mir kam eine Idee. Mit Handzeichen versuchte ich ihm meine Beobachtung und die Anzahl der Rehe mitzuteilen. Er nickte.
Als er bei mir angekommen war, legten wir uns in einen kleinen Graben. Ich versteckte mich hinter ihm und war sehr froh, den Rehbock gesehen zu haben. Auf dem Boden liegend legte mein Vater den Gewehrlauf an und schoss.
„Hatten wir unser Waidmannsheil gehabt?“ Ich konnte es nicht fassen. Zwei Rehe flüchteten und der Rehbock? Gespannt näherten wir uns dem Anschuss und mein Vater schaute mich zufrieden an. Mir war klar: Perfekt im Knall! Wir hatten es geschafft. Unser erster Mai-Bock in diesem Jahr! Unsere Freude war groß und wir versorgten gemeinsam den Rehbock.

Zum Weiterlesen

Weitere Jagd- und Naturbücher vom KOSMOS-Verlag

Ambach, Jule: **Heimische Tiere und ihre wilden Verwandten**, KOSMOS 2022

Bruns, Sandra: **Das Hundebuch für Kids, Verstehen, erziehen, spielen**, KOSMOS 2020

David, Andrea: **Fährten- und Spurenkunde, Zeichen und Spuren von Wildtieren sicher erkennen**, KOSMOS 2019

Ernsten, Svenja: **Mein Vogelbuch, Mit unseren Vögeln durch das Jahr**, KOSMOS 2021

Gomille, Axel: **Wölfe, Unterwegs mit dem Tierfotograf Axel Gomille**, KOSMOS 2021

Gretler, Thomas: **Das Angelbuch für Kids**, KOSMOS 2020

Haag, Holger: **Welcher Baum ist das? 85 heimische Bäume und Sträucher**, Kosmos Naturführer, KOSMOS 2022

Haag, Holger: **Was lebt im Wald? 85 heimische Tiere und Pflanzen**, KOSMOS 2018

Lang, Veronika: **Was krabbelt denn da? Insekten, Spinnen, Tausendfüßler, Asseln**, KOSMOS 2023

Linstadt, Anna: **Welche Tierspur ist das? Spuren und Bauten von 50 Tieren**, KOSMOS 2020

Nadig, Alexandra: **Heilpflanzen für Hunde, Wirkungsweise, Rezepturen und Anwendung**, KOSMOS 2018

Oftring, Bärbel: **Mein KOSMOS Buch Natur, Über 340 heimische Arten**, KOSMOS 2020

Ophoven Ekkehard: **KOSMOS Wildtierkunde, Über 130 Wildtierarten im Porträt, Laute von über 80 Arten abrufbar**, KOSMOS 2021

Saan, Anita van: **Tier- & Pflanzenführer, Kindernaturführer**, KOSMOS 2020

Schulte, Astrid: **Meine Schnitzwerkstatt, mit Schnitzmesser**, KOSMOS 2019

Seibt, Siegfried: **Grundwissen Jägerprüfung, Das Standardwerk zum Jagdschein**, KOSMOS 2022

Bildnachweis

Mit 172 Farbfotos von AdobeStock (3: Seite 19, 56/57, 104), Melina Haben (2: Seite 11, 22) und Juliane Kiwitt (3: Seite 16/17, 23, 99 u.re.). Alle anderen Farbfotos wurden von Inga Haase, flainfotografie, für dieses Buch angefertigt. Mit 29 s/w-Zeichnungen von AdobeStock (16: Seite 2, 6, 18, 19, 20, 29, 33 Kiefer, Eiche, 41, 42, 49, 80, 96), IStock (6: Seite 1, 5, 9, 10, 17, 22, 23) und Shutterstock (7: Seite 15, 33 Tanne, Erle, Fichte, 55, 73, 118).

Impressum

Umschlaggestaltung von Jorge Schmidt unter Verwendung von 19 Farbfotos und 7 Zeichnungen von AdobeStock (2: Dachs, Eiche), iStock (6: Feuersalamander, Goldlaufkäfer, Waldameise, Wolf, Zauneidechse, Jagdhorn), Inga Haase (6: U1, U4, Buntspecht, Fasan, Hase, Waldohreule), Melina Haben (2: Gans, Rehwild), Juliane Kiwitt (5: Damwild, Fuchs, Rotwild, Schwarzwild, Stockente) und Shutterstock (5: Gehörn, Tanne, Schwarzwild, Igel).

Mit 172 Farbfotos und 29 Zeichnungen

Alle Angaben und Methoden in diesem Buch sind sorgfältig erwogen und geprüft. Sorgfalt bei der Umsetzung ist jedoch geboten. Verlag und die Autorinnen übernehmen keinerlei Haftung für Personen-, Sach- oder Vermögensschäden, die im Zusammenhang mit der Anwendung und Umsetzung entstehen könnten.

Unser gesamtes Programm finden Sie unter **kosmos.de**.
Über Neuigkeiten informieren Sie regelmäßig unsere Newsletter,
einfach anmelden unter **kosmos.de/newsletter**

Gedruckt auf chlorfrei gebleichtem Papier

© 2023, Franckh-Kosmos Verlags-GmbH & Co. KG,
Pfizerstraße 5–7, 70184 Stuttgart
kosmos.de/servicecenter
Wir behalten uns auch die Nutzung von uns veröffentlichter Werke
für Text und Data Mining im Sinne von §44b UrhG ausdrücklich vor.
ISBN 978-3-440-17570-5
Redaktion: Gudrun Braun
Gestaltung und Satz: Weiss-Freiburg GmbH – Grafik & Buchgestaltung
Produktion: Kim Kanstinger
Druck und Bindung: Westermann Druck, Zwickau
Printed in Germany / Imprimé en Allemagne

FSC
www.fsc.org
MIX
Papier | Fördert gute Waldnutzung
FSC® C110508

Kennst du die Tiere — im Revier?

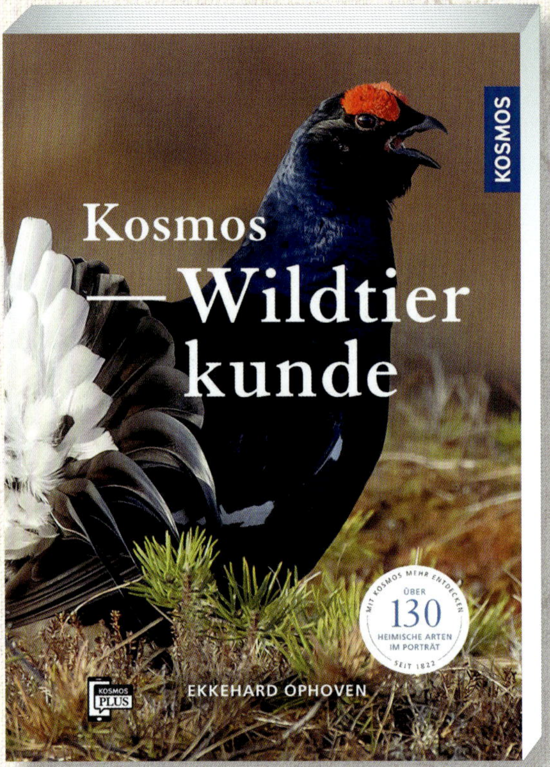

192 Seiten

Die „KOSMOS Wildtierkunde", seit Jahren ein überaus beliebter Begleiter des Jägers und anderer Naturinteressierter, liegt jetzt in völlig neuer Gestaltung vor. In mehr als 300 Abbildungen und kompakten Texten informiert das Buch über Erkennungsmerkmale, Vorkommen und Verhalten von mehr als 130 wild lebenden Tierarten sowie wichtige Aspekte ihrer Bejagung. Das Extra für alle, die neben der Jagd die Wildbahn auch mit den Ohren erkunden möchten: Laute von über 80 im Buch behandelten und weiteren Arten sind über die KOSMOS-PLUS-APP abrufbar.

kosmos.de